融媒体时代下大学生思想政治教育发展探索

林立荣◎著

吉林大学出版社

·长春·

图书在版编目（CIP）数据

融媒体时代下大学生思想政治教育发展探索 / 林立荣著 . -- 长春：吉林大学出版社，2022.9
ISBN 978-7-5768-0339-6

Ⅰ.①融… Ⅱ.①林… Ⅲ.①大学生—思想政治教育—研究—中国 Ⅳ.① G641

中国版本图书馆 CIP 数据核字 (2022) 第 220322 号

书　　名	融媒体时代下大学生思想政治教育发展探索
	RONGMEITI SHIDAI XIA DAXUESHENG SIXIANG ZHENGZHI JIAOYU FAZHAN TANSUO
作　　者	林立荣　著
策划编辑	殷丽爽
责任编辑	董贵山
责任校对	矫　正
装帧设计	李文文
出版发行	吉林大学出版社
社　　址	长春市人民大街 4059 号
邮政编码	130021
发行电话	0431-89580028/29/21
网　　址	http://www.jlup.com.cn
电子邮箱	jldxcbs@sina.com
印　　刷	天津和萱印刷有限公司
开　　本	787mm×1092mm　1/16
印　　张	8.25
字　　数	150 千字
版　　次	2023 年 1 月　第 1 版
印　　次	2023 年 1 月　第 1 次
书　　号	ISBN 978-7-5768-0339-6
定　　价	72.00 元

版权所有　翻印必究

作者简介

林立荣，女，浙江传媒学院教师，中国青少年研究会会员。主要研究方向为大学生思想政治教育理论与实践，主持省部级项目2项，厅级项目2项，参与编写《高校思想政治教育的多学科研究方法：理论与实务》等。指导实践育人项目荣获省部级荣誉11项，所带学生党支部为教育部首批新时代高校党建"双创"工作全国党建工作样板支部。

前　言

融媒体是当代社会数字技术与信息技术的代表，为人们提供着大量的网络信息。随着融媒体时代网络与通讯技术的迅猛发展，媒体对人们思想和行为的影响也越来越深刻。高校已经成为互联网应用领域纵深发展的主要发源地，大学生思想政治教育作为青年大学生人生底色的重要调色板，直接关系大学生第一粒纽扣的顺利启航。习近平总书记强调："高校思想政治工作关系高校培养什么样的人、如何培养人以及为谁培养人这个根本问题。要坚持把立德树人作为中心环节，把思想政治工作贯穿教育教学全过程，实现全程育人、全方位育人，努力开创我国高等教育事业发展新局面。"本书将围绕融媒体时代下大学生思想政治教育发展探索展开论述。

本书第一章为融媒体时代大学生思想政治教育基本概念，主要从两方面阐述融媒体与大学生思想政治教育的概念内涵、特征及关系，分别是融媒体与融媒体时代、融媒体时代与大学生思想政治教育；融媒体是一种超越于其他传播媒介的全方位媒体，其对大学生思想政治教育带来正向影响的同时也给大学生思想政治教育带来了负向影响，本书第二章介绍融媒体时代对大学生思想政治教育的积极和消极影响；尽管融媒体时代给大学生思想政治教育带来了新的机遇，但是也必须看到融媒体时代大学生思想政治教育过程中存在的困境，本书第三章主要论述融媒体时代大学生思想政治教育中面临的机遇和困境；本书第四章介绍融媒体时代大学生思想政治教育工作的新思考，主要从六个方面进行阐述，分别是大学生思政教育内容形式的丰富、大学生思政教育方法手段的创新、大学生思政教育客体媒介素养的提升、大学生网络思政教育话语权的变革、大学生网络思政教育工作机制的完善以及大学生思政教育媒介环境的优化。本书第五章介绍融媒体时代大学生思想政治教育质量的提升与对策思考，分为四个部分：重视理念创新、加快内容建设、加强队伍建设和推进模式构建，以期为全媒体时代的大学生思想政治教育优化路径提供新的启示与借鉴。

在撰写本书的过程中，作者得到了许多专家学者的帮助和指导，参考了大量的学术文献，在此表示真诚的感谢！本书内容系统全面，论述条理清晰、深入浅出。

限于作者水平有不足，加之时间仓促，本书难免存在一些疏漏，在此，恳请同行专家和读者朋友批评指正！

作者

2022 年 5 月

目录

第一章 融媒体时代大学生思想政治教育基本概念……………………1
    第一节 融媒体与融媒体时代……………………………………1
    第二节 融媒体时代与大学生思想政治教育……………………5

第二章 融媒体时代对大学生思想政治教育的影响…………………22
    第一节 融媒体对大学生思想政治教育的积极影响…………22
    第二节 融媒体对大学生思想政治教育的消极影响…………26

第三章 融媒体环境下大学生思想政治教育的机遇与困境…………31
    第一节 融媒体环境下大学生思想政治教育的机遇…………31
    第二节 融媒体环境下大学生思想政治教育的困境…………36

第四章 融媒体时代大学生思想政治教育工作的新思考……………48
    第一节 大学生思政教育内容形式的丰富……………………48
    第二节 大学生思政教育方法手段的创新……………………55
    第三节 大学生思政教育客体媒介素养的提升………………77
    第四节 大学生网络思政教育话语权的变革…………………84
    第五节 大学生网络思政教育工作机制的完善………………92
    第六节 大学生思政教育媒介环境的优化……………………100

第五章　融媒体时代大学生思想政治教育质量的提升与对策思考……104

　　第一节　以强化思想政治教育理念创新为先导…………………104

　　第二节　加强思想政治教育内容建设为主干…………………107

　　第三节　加强思想政治教育教学队伍建设为关键………………114

　　第四节　以构建"五微一体"教育模式为途径…………………117

参考文献……………………………………………………………122

第一章 融媒体时代大学生思想政治教育基本概念

随着融媒体时代网络与通讯技术的迅猛发展，媒体对人们思想和行为的影响也越来越深刻。高校已经成为互联网应用领域纵深发展的主要发源地，大学生思想政治教育作为青年大学生人生底色的重要调色板，直接关系大学生第一粒纽扣的顺利启航。因此，高校必须重视融媒体对思想政治教育创新发展的重要影响，并借助融媒体助力大学生思想政治教育的创新发展。本章主要阐述融媒体与大学生思想政治教育的概念内涵、特征及关系，为后文进一步的研究做好理论准备。

第一节 融媒体与融媒体时代

一、融媒体的概念及其特征

（一）"融媒体"概念解读

关于融媒体的概念，它与"跨媒体"、"新媒体"概念的使用，存在着内涵不清、边界不明的情况，鲜有文献将它们进行有效辨析，学术界也并没有准确而统一的界定。2005年，中国人民大学蔡雯教授第一次将融媒体概念引入国内，形成我国业界和学界密切关注的新话题。杨武成、姚海田、于露等人认为"融媒体"不同于传统媒体或新媒体等具体的实体媒介，融媒体是一种理念媒体，是建立在网络思维上的传统媒体与新媒体有机融合的产物，它将报纸、电视、广播等传统媒体与微信、微博、客户端等新媒体在人力、内容、宣传等方面进行全面整合，从根本上实现不同媒体间的优势互补，扩大了传播范围，提高了传播效率，实现"资源互通、内容兼容、传播互融、利益共融"的新型媒体。光明日报的总编辑何东平则认为，"融媒体"是让不同媒体之间相互激发、产生化学反应，最终形成的一个具有渗透力和竞争力的新型媒体。

综上所述，"融媒体"是一种融合型媒体，集传统媒体与新媒体优势于一体，它不仅仅在传播同一内容上利用多种媒介的优势，更重要的是在传播同一信息时，把多种媒体的采编流程、信息审核、产品形态等，融合到一个平台上解决，使之呈现出新的面貌，提高了传播效率。

（二）融媒体的基本特征

1. 技术先导性

融媒体的发展离不开科学技术的支持，后者的推动作用不容忽视。新时代的科技水平不断提高，数字技术日益进步，网络技术逐渐成熟，多媒体技术异军突起，充分展示其强大的生命力。这些新技术之间相互渗透、相互融合，在不同的媒体终端发挥功效，进一步模糊了媒体之间的界限，推动了新媒体的出现，为融媒体的出现创造了条件。首先，数字技术是关键性的技术，是融媒体发展的基础，由于其具有融合性的特征，因此能够有效打破媒介之间的壁垒，模糊其边界，促进融媒体的发展，为其进步提供纵深动力。其次，数字技术和网络技术之间具有共同特征，主要体现在建设性和虚拟性方面，有利于新媒体形态的融合，促进其相互贯通，真正实现互通互联。由此可见，新型媒体的出现离不开技术支持，随着技术的发展而有所突破。以纸质平面媒体为例，早期造纸术和印刷术的发明为其创造条件，是其存在与发展的基础，电子技术的进步促进了广播电视媒体的出现，网络和电子技术的进步带动了网络杂志等新媒体。总而言之，融媒体的兴起也需要技术支持，随着后者的发展而逐渐发展，技术在融媒体兴起中所起的导向作用不容忽视。

2. 资源整合性

融媒体的出现是时代的产物，聚集了众多的优势特点，人们对其认识也逐渐深入。一些学者早期认为融媒体是传统媒体的替代品，后者必然消失，但是，事实告诉我们，融媒体虽带来了众多机遇，但也面临着挑战。相较于新媒体，传统媒体有着自己的优势，在权威性和专业性方面明显较强，这些特点都是新媒体无法完全替代的。时代在不断发展，在融媒体产生之前出现了网络媒体、自媒体等不同的媒体形态，其中一些学者认为融媒体是传统媒体和其他新兴媒体的简单相加，并没有从本质上来讨论融媒体。然而，融媒体的本质在于整合不同媒介的采编资源，将传统媒体的权威性、专业性与新型媒体便捷性、时效性等优势相整合，以此来更好地服务多媒体平台。通过资源整合，使信息采编成本大幅度下降，媒体渠道之间的反应速度增强，大大提高了媒体的传播效果，在此过程中传统媒体和新兴媒体得到了一定程度的平衡。

3. 双向互动性

双向互动性是指在信息传递过程中传播双方可以共同参与、平等沟通，相互促进，双向互动性是融媒体区别于其他传统媒体形态的重要特征。传统媒体的传播方式主要以单向传播为主，信息的发布者占据着主导地位，传统媒体平台上发布的信息仅仅只能表达作者的想法，这些想法在传递过程中影响着传统媒体的受众，而融媒体的传播方式以双向传播为主，信息发布者与信息接收者之间可以平等地沟通与交流。加之，融媒体在网络信息技术的支持下，信息发布者可以及时收到信息接收者的反馈结果，并能够及时地根据受众的反馈结果调整信息内容的侧重点或者根据信息接收者的反馈结果对信息内容进行修改再造，同时，还可以收集到不同信息接收者的需求，根据信息接收者的不同需求进行精准投放。另外，信息接收者也可以根据浏览到的信息发表自己的看法、观点或者提出一些建议。在这样的信息传播过程中，信息发布者与信息接收者之间达到共同参与、平等交流、相互促进的作用。

二、融媒体时代

2019年年初，习近平同志强调，要因势而谋、应势而动、顺势而为，加快推动媒体融合发展，使主流媒体具有强大传播力、引导力、影响力、公信力，形成网上网下同心圆，使全体人民在理想信念、价值理念、道德观念上紧紧团结在一起，让正能量更强劲、主旋律更高昂。融媒体发展呈现出以下特点：

一是海量化和短暂性。进入 21 世纪，网络技术飞速发展应用，以海量信息处理为特征的新兴媒体在我国广泛普及，深刻影响着社会生活的方方面面。每天都有来自世界各地的、不计其数的信息不限时间、不限地点、不限环境地通过网络、手机、平板电脑等终端大量涌向你。

二是互动化和开放性。传统媒体的传播方式是单向、线性、不可选择的。它集中表现为在特定的时间内由信息发布者向受众传播信息，受众被动地接受，没有信息的反馈。这种静态的传播方式使得信息不具流动性。而新媒体的传播方式是双向的，传统的发布者和受众现在都成为了信息的发布者，而且可以进行互动。进入"众媒时代"，人人皆媒体，每一个人都是内容的生产者和传播者。

三是高时效和亲临性。融媒体时代，有效提升了信息传播的高效性、即时性。信息传播的时效性有四个发展阶段：定时、即时、实时、全时。全时即信息随时可以进行发布。另外在一些突发新闻现场，很多新闻记者仅通过一部手机就可以成功采集画面，进行现场直播，这就带给受众强烈的现场亲临感。这种亲临感，特别是在重大事件发生时，更能激起公众获知信息的欲望。

四是去中心化传播。融媒体时代，不存在类似于"头版头条"这样的状况，不同受众可以选择出很多主题进行讨论，另一方面也说明了融媒体时代使新闻多元化。同时，不同媒介可以依据本媒介受众群体的个性化需求推送具有明显差异化的信息内容，有效增加用户黏性。

三、融媒体的发展趋势

（一）引入先进技术

面对融媒体构建过程中的一系列问题，通过引入先进技术、加强人员培训、完善配套系统、深化思想观念和加强政策扶持的措施，能够为融媒体的构建工作，创造良好有利的环境，这也必将是融媒体的未来发展趋势。其中，加强人员培训和引入先进技术，可以进一步提高推荐算法的智能度和精准度，能够从根源上提高融媒体构建水平，令用户的使用体验得到显著的提升。

（二）完善配套系统

为了使融媒体构建工作更加顺利地开展，应建立健全一整套管理制度，对整体融媒体市场和行业内部人员进行约束和规范。在制度中不仅要明确规范融媒体的日常操作流程，为构建工作的开展提供良好正确的指引；还要利用奖励与惩戒相结合，提高信息资源的整体质量，为融媒体的长远稳定发展奠定良好的基础。

（三）深化思想观念

在融媒体的构建工作中，极容易出现定位模糊的现象，导致信息资源较为分散，无法为用户提供更加深层次的内容。宽泛的信息资源虽然能够避免思维固化的现象，但是在树立品牌效应的过程中，却会遭受到严重的阻碍。通过深化工作人员的发展理念，能够有效避免盲目跟风和定位模糊的现象，使融媒体构建工作的方向变得更加明确。

（四）加强政策扶持

要想让融媒体得到长远有序的发展，加强政策扶持工作必不可少。通过政策扶持力度的增大，可以推动各项技术手段的优化与革新，极大程度降低了虚假信息的占比，使我国融媒体的构建水平得到显著的提高。同时，通过相关政策的颁布，也能够对融媒体的市场秩序，进行良好有效的规范，促进融媒体的长远稳定发展。

第二节　融媒体时代与大学生思想政治教育

融媒体传播速度快、运用范围广，且影响力非常大，这给传统的大学生思想政治教育带来了一定挑战。融媒体是实现大学生思想政治教育的有效途径之一，充分体现着融媒体与思想政治教育两者之间密不可分的关系。因此，我国当前需要解决的重要问题就是，如何全方位地利用好融媒体对大学生进行思想政治教育，加强融媒体时代大学生思想政治教育研究的重要性可从以下几个方面理解。

一、实现大学生思想政治教育理论创新的需要

融媒体时代的来临，是媒体融合发展革命的降临，实践的发展离不开理论的创新，理论的创新又需要在实践的基础上不断发展。融媒体时代思想政治教育理论的发展成为当前高校必须要重视的课题，因此要运用融媒体创新思想政治教育理论，丰富大学生思想政治教育内容。

目前，关于融媒体思想政治教育的理论研究还存在一些亟待解决的问题。一方面，缺乏深入细致的分析。随着融媒体技术不断发展，融媒体的社会化、个性化和规范化的趋势出现在思想政治教育过程中。当前融媒体思想政治教育理论研究取得成果，学者们大多数都从融媒体的含义、内容以及融媒体对大学生思想政治教育带来的机遇与挑战方面研究比较多。在融媒体对大学生思想政治教育影响方面研究比较不全面，例如：对大学生的生活、交往、思维方式没有引起高度重视，对大学生的心理健康素养和媒介素养没有进一步深化研究。另一方面，缺乏整体性。学者们大多数都是从思想政治教育的一个方面进行研究，从整体性角度研究的较少。例如，融媒体对大学生思想政治教育影响研究方面比较少，但是在融媒体对传统思想政治教育特点研究较多，对网络思想政治教育虚拟性研究较多，但对网络思想政治教育实效性研究较少。这样就会影响融媒体思想政治教育理论的全面发展，也不利于学科体系的建立。

除此之外，将实践与理论全面结合的研究还是不够。随着社会环境越来越复杂，思想政治教育的环境也越来越复杂，理论研究成为学者们对融媒体思想政治教育的研究核心，理论与实践的双重结合的研究还不够完全，对相应的理论进行的实践比较少，从而使思想政治教育理论缺乏实效性。创新融媒体思想政治教育理论研究是当前高校必须重视的问题之一。融媒体时代思想政治教育工作中出现的问题高校要高度重视并全面开展相关的研究，来提升思想政治教育的理念、方法、载体、模式上的创新；运用融媒体的特点来进行工作评估，研究融媒体与传统媒体、大学生之间、思想政治教育线上与线下之间的关系，分析两者之间的关系，找出两者之间的联系与区别；取其精华、去其糟粕，加强融媒体思想政治教育的理论体系的实践指导，最终实现优势互补，推动大学生思想政治教育的创新发展。

二、实现大学生思想政治教育内容创新的需要

21世纪新时代的大学生是朝气蓬勃的新青年，是实现国家繁荣富强的主力军，身上肩负国家的重任。大学生的思想观念、思想品德、道德素质以及价值观的正确与否关系到实现社会主义现代化。2018年8月21日习近平同志在全国宣传思想工作会议上强调，"必须科学正确认识网络传播规律，提高用网治网水平……"这一系列重要论述和重大部署，为媒体融合全面发展指明了方向。

融媒体与大学生思想政治教育内容的创新紧密相连。高校要充分用好校园网，要运用媒体高度融合实现大学生思想政治教育内容创新，在融媒体环境下大学生可以在网络上自由地发表观点和看法，且获取信息渠道的自由度也越来越宽。大学生的自主与民主意识也日益增强，大学生通过高校主题网站可以自由地选择不同的方式获取自己所需的信息资料。由此可见，传统思想政治教育模式被打破。大学生们崇尚自由，愿意运用融媒体的各种形式传播思想政治教育内容，也更喜爱运用媒体与他人进行交流沟通，因此我们要全面运用好网络资源，从理念、内容、方法上创新大学生的思想政治教育内容。大学生思想政治教育内容具有时代性、全面性、生活性、可接受性，紧紧地将网络教育的话语权掌握在手中，运用先进的媒体数字技术，将贴近生活现代化教育与思想政治教育内容连接，促进大学生思想品德全方面发展。

三、实现大学生思想政治教育方法途径创新的需要

长期以来，大学生思想政治教育始终坚持德、智、体、美、劳全方位育人。针对个别学生思想中存在的问题，通过与学生谈心交流，采取一对一的方式解决学生思想中存在的问题。这在过去的时代是有效的，但这种交流谈心的内容和形式无法广泛传播，辐射面不宽，不利于共性问题解决，对类似的人和问题都无法产生共同影响。为了扩大宣传，思想政治教育运用讲座和印刷材料等方式进行传播，但是由于这些方式都受时间与地域的限制，它所传播的范围也是有限的。融媒体时代的到来，为大学生思想政治教育带来了新的方法，使其思想政治教育的影响力得到进一步提升，为实现创新大学生思想政治教育提供了方法途径。

首先，融媒体使思想政治教育管理效率得到了提高。融媒体的到来给大学生思想政治教育带来了多元化的载体与平台，创新了大学生思想政治教育方法，提高了思想政治教育的管理效率。融媒体的开放性、互动性、个性化等特点优势也为思想政治教育者与学生之间随时随地的交流提供了便捷，思想政治教育者通过融媒体即时性等特点可以随时了解到学生的思想，提高了思想政治教育的管理效率。融媒体的信息储存空间大，可以为大学生提供他们所需要各种各样信息的基本状况，有图文并茂的视听效果，这样可以调动学生们学习的兴趣，也增强了大学生学习思想政治教育理论课程的积极性，让学生主动学习知识。

其次，融媒体提升了网络思想政治教育的效果。网络授课是在虚拟的空间进行知识传播，它周围的环境具有开放性与交互性，因此网络授课的过程中学生与教师之间可以进行互动交流与信息共享。信息的传送没有时间和地域的限制。国内大多数高校的思想政治教育的网站存在内容与形式都过于乏味、没有新意等问题。高校的网站都是以提供单一的学习资料以及国内外的相关校园时事政治新闻等对学生进行思想政治教育的形式，融媒体的教育方式在各大高校还没有被完全充分运用。个别高校甚至将书本中与思想政治教育有关的理论内容转换为文字发送在网站，网页的信息容量小，内容枯燥。在内容设置上没有将融媒体的数字技术运用到其中，不能够调动学生学习的积极性；在形式设置上过于单一化，不能够满足学生的需求，导致网站吸引力不够，访客人数少。因此，要不断创新大学生思想政治教育，将融媒体的数字技术合理地运用到高校大学生思想政治教育网站中，将图文并茂的音频设计、动画图片、抖音小视频等形式融入到高校网站中，运用融媒体打造出高质量的思想政治教育网站，从而优化大学生思想政治教育网络。可见，创新融媒体时代大学生思想政治教育的方法途径是十分重要的。

四、融媒体与大学生思想政治教育创新发展的关系

大学生思想政治教育创新发展与融媒体是一种互利互惠，相互促进、共同进步的长效关系。大学生思想政治教育创新发展受到融媒体融合性、共享性以及独特性特征的影响。二者的发展理念具有一致性；发展内容具有一定的契合性。同时，融媒体又是大学生思想政治教育创新发展的重要载体。因此，只有深入了解

和把握二者的关系，大学生思想政治教育才能更好地借助融媒体实现自身的创新发展。

（一）融媒体与大学生思想政治教育创新发展理念相一致

融媒体是新时代的新命题，是媒体发展的新方向与新趋势。它为大学生思想政治教育的创新提供了新的教育理念与发展方向。同时，大学生思想政治教育新的理念和观点又与融媒体时代的现实需求完美契合，并在融媒体时代下有了更好的发展契机。传统的大学生思想政治教育一直以来基本上是以灌输为主，大学生往往只能被动接受新知识；而融媒体的到来，大学生可以主动地通过互联网信息平台进行搜索并学习相关理论知识，其信息资源的获取量远远超过教师的课堂讲授。此时，就需要教育者积极转变传统育人观念，坚持以"学生为本"的教育理念，明确大学生在思想政治教育中的主体地位；不断强化媒介意识，充分利用融媒体优势，推进思想政治教育模式、内容、载体与机制的创新。

（二）融媒体与大学生思想政治教育创新发展内容相契合

传播主流价值观念是融媒体的核心目标。当前，各种非主流思想观念充斥校园，主流舆论影响力下降，社会主义意识形态的话语体系和阵地建设面临很大挑战。在此态势下，融媒体充分发挥其新技术与传统技术深度融合的优势，对思想政治教育内容进行加工，使得思想政治教育内容更加生动、形象、有吸引力，增强大学生思想政治教育的话语权，提升大学生思想政治教育的亲和力与感染力。同时，高校只有借助融媒体，才能使思想政治教育内容更加契合大学生审美，符合大学生的个性化需求，将真善美的种子埋在学生心里，扣好学生人生的第一粒纽扣，努力完成立德树人的根本任务，促进社会主义建设者和接班人目标的顺利实现。

（三）融媒体是大学生思想政治教育创新发展的重要载体

大学生思想政治教育的载体的建设与创新，离不开先进的科学技术手段的支撑。融媒体时代到来，使传播的媒介发生了改变，传播的维度发生了改变，传统教育载体弊端得到了有效整合，知识传播的全方位、立体化、高精度已经成为可能,这实际上是对传统载体传播方式的变革。新的培养方式需要新的技术手段。融媒体作为网络思想政治教育的新载体,它所发挥的作用不容小觑。从目前一些高校尝试来看,融媒体已经带来了显著效果,它与大学生的思想政治理论课发展规律相契合,并且它将作为一种重要的载体出现在未来大学生思想政治教育的创新发展过程中。因此,随着融媒体技术的不断发展与完善,大学生思想政治教育将会与它产生更多的化学反应,实现更多的契合。

五、融媒体在大学生思想政治工作中的功能

(一)提供了可供教育内容传播的媒介平台

融媒体为高校思想政治工作提供了教育平台功能。教育平台是一种主要用于传播教育内容的媒介,在高校思想政治工作中必不可少。融媒体的介入,可以拓宽高校思想政治工作途径,丰富高校思想政治工作内容,灵活高效思想政治工作方法。

1. 拓宽高校思想政治工作途径

思想政治教育与其他工作不同,是做人的工作,而人是有感情和有意识的,这种感情和意识又随着客观情况的变化而不断变化。这就决定了思想政治教育必须因地制宜、因人制宜、因事制宜、因时制宜。传统的高校思想政治工作开展途径基本只局限于课堂教学,途径单一。从时空上看,传统方式对时间和空间要求很高,没有固定时间和固定场所,就无法开展思想政治教育。无论严寒酷暑,老师和学生必须按约定时间地点集合,方可正常开展思想政治工作。单一的途径显然有很多不便之处,不过在融媒体介入高校思想政治工作中以后,这个现状得到了改善。

在融媒体时代,高校中开展思想政治工作不再仅限于课堂教学。学生无论在宿舍、食堂、图书馆还是教室,无论是早上、中午还是夜晚,无论在电视前、电脑旁还是手机附近,都可以从不同渠道接受思想政治教育。思想政治工作的开展途径被不断拓宽,全方位、立体化的教育内容以各种形式,依托不同载体,全面融入学生生活的各个方面。

2. 丰富高校思想政治工作内容

从内容上看，传统的高校思想政治工作过度依赖言传身教的形式，单向灌输，枯燥乏味，灌输的教育内容基本只是书本上的知识点。虽然这种教育方式的稳定性、可靠性较高，但冷冰冰的教育内容很容易让学生反感，难以让他们提起兴趣，无法一直吸引其注意力，每堂课的有效教学时间仅仅集中在前几分钟。在极端情况下，这种方式甚至会导致一部分学生对教学内容产生抵触情绪，效果完全适得其反。

离开教育对象的认知水平、情感要求，偏离教育对象的人性基础，思想政治教育就会显得苍白无力，效果甚微。因此，高校思想政治教育工作要根据教育对象的发展变化不断创新，全面贯彻以人为本的教育理念。

融媒体被引入高校思想政治工作后，上述劣势会被完全扭转。思想政治工作内容不再局限于书本上的知识，更多的是渗透在各种影视作品、图片文字中的隐形教育内容。各种各样的表现形式始终吸引学生的注意力，同时调动他们的视觉、听觉，持续通过生动活泼的内容感化学生。在这种方式下，高校思想政治工作内容得到了极大丰富。

3. 灵活高校思想政治工作方法

首先，融媒体的介入有助于高校思想政治工作者加强自身理论修养。打铁还需自身硬，高校思想政治工作者要把加强自身理论修养摆在重要位置，通过融媒体的多种渠道，积极开展自我教育，把理论同高校学生的学习、生活、思想结合起来，有针对性地为学生讲授思想政治教育内容。

其次，融媒体的介入有助于高校思想政治工作者提升教育科学化水平。新时期科学技术飞速发展，思想政治工作同样要跟上发展步伐。例如，高校思想政治工作者应借助融媒体平台，学习心理学、统计学等相关学科，最大程度地发挥多学科优势，为思想政治工作做好铺垫。

再次，融媒体的介入有助于高校思想政治工作者解决学生的实际问题。融媒体环境下，思想问题与实际问题很容易结合在一起，二者是相联系的。如果高校思想政治工作者的目的不是去解决学生的实际问题，那么思想政治工作就是纸上谈兵，难以收到实效。因此，要注意利用融媒体及时发现学生的实际问题，并且积极解决。

最后，融媒体的介入有助于高校思想政治工作者提升人性化水平。融媒体时代，高校学生信息面广、思维活跃，他们的自主意识十分强烈，对人人平等的重视程度很高。高校思想政治工作者要注意以人为本，多沟通多理解，对学生要做到平等和尊重，切实提升工作的人性化水平。

（二）提供了促进教育相融的双向互动功能

融媒体为高校思想政治工作提供了双向互动功能。双向互动指的是在思想政治工作中，不仅有教育者向受教育者传授教育内容的过程，而且有受教育者向教育者反馈的过程。融媒体不但能提高教育者的积极性，而且能增强受教育者的自主性，还能促进教育双方的相融性。

1. 提高教育者的积极性

在传统的思想政治教育模式中，教育者要定期进行内容陈旧的备课，然后将教育内容用枯燥乏味的语言传递给受教育者。且不说受教育者的状态如何，单就教育者而言，长期的简单重复工作会让他们的积极性逐步降低，原本就不好讲授的教育内容，也会变得更难被受教育者接受。

而融媒体时代，情况就变得截然不同了。高校思想政治教育者不再拘泥于单一的内容，可以通过声音、视频、图像等形式，通过网站、电视、报纸、公众号等渠道，把教育内容生动活泼地展现在受教育者面前。受教育者的兴趣被激发了，教学质量显著提升，教育者自然会信心倍增，更加积极地投身思想政治教育工作中，提高思想政治教育质量，形成良性循环。

2. 增强受教育者的自主性

高校思想政治工作中，受教育者的自主性指的是其认同教育目标，能自觉按照思想道德要求严格要求自己，并且在实践中完善自我，形成高尚健全人格的特性。作为独立个体，高校学生具备很强的独立意识及自主意识，善于积极表达自身思想，面对教育者提出的内容，有可能不认同甚至持有相反意见。在传统的思想政治工作模式中，由于信息闭塞，缺乏交流，这种情形很容易导致大学生陷入歧途。

而融媒体时代恰恰把上述劣势扭转成为优势。在持有不同意见时，受教育者通常会通过各种渠道主动获取资讯，寻求答案，教育者需要做的仅仅是在各种渠道上加以正确引导，让受教育者通过发挥主观能动性达到自我教育的目的。这样一来，分歧和争端不但不会对受教育者造成影响，反而会激发他们的学习兴趣，增强受教育者的自主性。融媒体形态的多样性与传播内容的丰富性、快捷性，有助于大学生改变传统的单一依靠书本和教师传授的学习模式，及时、主动"随心所欲"地从网络中猎取知识。

3. 促进教育双方的相融性

在传统的思想政治教育模式中，教育者和受教育者的关系是"教与受"，即教育主体姿态较高，向教育客体进行单方向的灌输式传授。教育者没有足够的积极性，受教育者也容易产生反感情绪，造成教育效果欠佳，甚至导致思想叛逆等严重后果。

随着高校融媒体的普及，思想政治教育主体与客体之间产生了高度的互动性。一方面，主体与客体之间有了更多媒介，有效分散了大量信息，从多个角度向客体传递；另一方面，客体可以根据自身兴趣，有选择性、有针对性地接受信息，更易消化吸收。针对认同的教育内容，部分受教育者还会主动传播扩散，角色随即转变为教育者，达到不断高效扩散教育内容的目的。

教育者和受教育者之间的这种互动方式，最大限度地激发了教育者的积极性和受教育者的能动性，促进了教育者和受教育者之间的相融性，提升了实现教育目的的速度和效果。

（三）提供了增进教育效果的感染渗透功能

融媒体为高校思想政治工作提供了感染渗透功能。感染渗透指的是在思想政治工作中，相对于传统课堂的知识灌输而言，融媒体提供的更多是感情上的渗透，它让教育主体和教育客体的关系得以升华，从而增进教育效果。融媒体能拓展受教育者直观认识空间，化解教育者和受教育者矛盾，提升隐性思想政治教育效果。

1. 拓展受教育者直观认识空间

以前，高校思想政治工作开展渠道单一，主要依靠课堂教学，不仅在形式上枯燥乏味，而且内容也有一定的滞后性。近几年，高校融媒体不断发展，逐渐演变成了思想政治工作载体，为人们提供各种信息和教育内容，且不受时间和空间的限制。融媒体使师生主动接受思想政治教育的热情得到了空前提高，大家愿意在这个自由空间里平等交流、尽情诉说、增进沟通。这在很大程度上消灭了高校负面思想隐患，可以消除紧张情绪，对稳定高校校园秩序具有重大意义。科学数据表明，对于1个单位的信息量来说，人们单靠耳朵听只能获取15%左右，单靠眼睛看可以获取20%左右，而如果经过"耳濡目染"后，人们接收到的信息量可达到65%以上。融媒体不单传播文字、图片，也传递生动形象的声音、视频等内容，这些内容化身为文学作品、电影电视、戏曲舞蹈等形式，在传递信息方面有得天独厚的优势。思想政治工作主体可以利用这一优势，把主流的价值观渗透进去，使得原本枯燥乏味的教育内容更容易被客体接受，从而在感情上与客体有了交流，容易形成群体效应，以点带面，显著提升思想政治工作效果。高校融媒体有助于拓展受教育者直观认识空间，因此，我们要把这一功能利用好，让受教育者在多维度环境下接受教育内容。

2. 化解教育者和受教育者矛盾

思想政治教育是一项关于人的工作，教育者和受教育者都是人，在教育过程中，教育者和受教育者都是具有一定的价值倾向性、个性以及不同程度的能动性和创造性的个体，因此教育者与受教育者之间必然会存在一定程度的矛盾。高校思想政治工作中的教育者和受教育者始终是天然的矛盾统一体，二者在对立统一中促进高校思想政治工作的开展，融媒体的感染渗透功能很好地化解了教育者和受教育者之间的矛盾。

从角色上来讲，教育者的阶级性较强，处于主导者地位；而受教育者始终处于被教育、被塑造的地位。从素质上来讲，无论是思想素质还是理论素质，教育者和受教育者都存在对立和差异，二者运用理论来解决实际问题的能力也相差甚远。从任务侧重上来讲，教育者的角色是教育活动的组织者、发动者、实施者；而受教育者的角色是参与者、接受者，二者是相互制约的关系。平等，是化解教育者和受教育者之间矛盾的关键。平等能促进教育者和受教育者之间的对话交流，激发教育者和受教育者各司其职的热情；不平等会导致教育者和受教育者之间产生对立情绪，在二者之间形成隔阂。以微信、微博、网站等为代表的新媒体，是融媒体的重要组成部分，新媒体最大程度实现了教育者和受教育者之间的平等性。新媒体的平等性满足和迎合了大学生对于平等和尊重的需求，向思想政治教育的权威性和主导性提出前所未有的挑战。

基于平等前提下的高校思想政治工作，将更具亲和性，有利于教育者和受教育者进行共同探讨，相互尊重。融媒体具有感染渗透功能，能够化解教育者和受教育者之间的种种矛盾。例如，教育者把教育内容寓于一部影视作品中，受教育者通过观看这部影视作品来接受教育内容，教育者和受教育者并没有直接的语言和思想交流，因此完全避免了矛盾的产生，有效提升了教育效果。

3. 提升隐性思想政治教育效果

高校融媒体在思想政治工作中具有内隐性的特点。何谓内隐性？其指的就是，教育目的被隐藏起来，表面上看起来就是普通的文章、新闻、节目等，实则蕴含了思想政治教育内容，以科学的理论武装人，以正确的舆论引导人，以高尚的精神塑造人，以优秀的作品鼓舞人。例如，教育主体可以把思想政治教育内容渗透到贴吧、微信公众号、校园电影等媒介中，采用隐蔽的、贯穿全局的方式，向客体渗透主流价值观，掌握意识形态话语权，从而达到思想政治教育目的。

从心理学角度看，一个人接受新鲜外来事物时，头脑中的原有思想会对新事物做出抵制反应，这就意味着隐形思想政治教育效果不能立竿见影，而是需要长时间的、大量的、重复的工作来逐步巩固。但无论如何，比起照本宣科的思想政治工作，高校师生显然更乐于接受通过榜样示范、环境熏陶、情感感染等形式传递的教育内容，因此，融媒体在高校思想政治工作中具有提升隐性思想政治教育的效果。

（四）提供了促进正向优化的评价反馈功能

融媒体为高校思想政治工作提供了评价反馈功能。评价反馈是指在高校思想政治工作中，教育者、受教育者和教育主管部门都能获得可靠的反馈内容，以进一步优化各自的职能。融媒体可以促使教育者有针对性完善教育内容，促使受教育者明确自我价值认定，促使教育主管部门获得教育效果反馈。

1. 教育者有针对性完善教育内容

融媒体在高校思想政治工作中的一大功能是评价反馈，评价反馈功能的最大受益人是教育者，因为教育者可以通过一系列反馈，有针对性地改善教育内容。具体作用机理如下：

一是受教育者通过各种渠道及时反馈自己的心得体会。本文曾在上文提到过，"在融媒体中，内容提供者（主体）和内容获取者（客体）可以双向互动。"基于融媒体的思想政治工作的特点是，受教育者在接收来自教育者的内容后，经过学习、理解、消化，会产生一些心得。这些心得会通过某种渠道，反向输送回教育者那端。例如：学生在线观看电影后写出影评发表到网页上；手机阅读某篇文章后以留言的形式对文章内容畅所欲言；收听校园广播后拨打热线电话参与节目互动等等。

二是教育者在远端通过融媒体的互动功能，第一时间得知受教育者的真实感想。融媒体允许匿名交流，通过这种非面对面的互动，受教育者敢说想说，没有顾虑，从而使得教育者获取的反馈内容更具真实性。

三是教育者还可以统计融媒体各个渠道中，某个特定内容的点击量，以此得知受教育者的兴趣所在。而客体在获取内容时，可以有针对性地主动选择某些特定信息，屏蔽或回避掉其余内容，这是融媒体独有的特点。例如，学校在融媒体平台的电视、校报、微信渠道分别投放三种形式不同、但蕴含的教育内容相同的信息，而后通过点击量对比，即可得知哪种形式的信息更受受教育者欢迎，为日后通过融媒体开展思想政治工作提供有效决策。教育主体对教育客体施加教育影响促使教育客体思想政治素质提高，教育客体将提高后的思想政治素质外化为自身言行，教育主体再根据教育客体言行所表现出的教育效果，总结教育经验，改进教育方法，提高教育水平，并在此基础上开展新一轮的思想政治教育。因此，思想政治教育实现了不断循环往复、螺旋上升的效果。

2. 受教育者明确自我价值认定

融媒体在高校思想政治工作中提供的评价反馈功能中，让受教育者受益的是，他们可以进行自我价值认定。具体作用机理如下：

一是受教育者乐于接受形式多样、类型丰富的内容，所以他们对通过融媒体接收到的思想政治教育内容通常持肯定态度。受教育者在观看视频、收听音频、阅读图文后，容易被生动有趣的内容吸引，通常会感觉意犹未尽，很多人会主动选择接受下一个内容，进行持续的自我教育。与传统课堂"课结人散"相比，新媒体为受教育者提供了一个可以持续获取思想政治教育内容的平台，供受教育者全时段、全地点使用。

二是融媒体可为受教育者提供了良好的交流互动平台，既可供广大受教育者进行横向交流，也方便受教育者与教育者进行纵向沟通。通过沟通交流，受教育者不断提出疑惑，进而得到解答。同时，一些共性的思想问题也得以展现，大家通过交流的方式各抒己见，达成共识，这就有助于此类共性问题又快又好地被解决。

三是受教育者通过不断学习、不断强化，在潜移默化中提升了境界。通过交流互动，受教育者会不断把自己的思想拿出来与别人的进行对比，及时改进自己落后的思想，很容易地实现了对自己的价值认定，有助于思想政治工作开展形成良性循环。

3. 教育主管部门获得教育效果反馈

在融媒体为高校思想政治工作提供的评价反馈功能中，最重要的一部分是教育主管部门可以获得可靠的教育效果反馈。思想政治教育是一种特定的信息传播活动，信息传播效果理论实际上也在指导着思想政治教育信息传播活动。因此，我们应该关注思想政治教育的每一个环节，通过各种措施不断优化教育效果，提升教育的有效性。

首先，高校融媒体本身的属性具有双向性。这种双向性为使用者提供了完善的沟通功能。例如：新闻网站可以开设留言区；微信、微博可以发起话题进行互动；广播电视可以开设互动热线参与节目等等。融媒体中的任何一种渠道，都可以收集来自受众的反馈内容。

其次，高校融媒体发布的内容具有互动性。发布的内容具有互动性，才能更好地吸引受教育者参与其中，畅所欲言，不断交流思想，达到事半功倍的教育效果。良好的互动性让受教育者的参与热情极大程度地提高，参与互动的人次也会明显增加，收集到的反馈内容就会更全面、更客观。

再次，高校融媒体的受众分类具有精准性。只有把特定内容推向特定人群，才能实现精准教育。依托强大的互联网技术，在通过网站、微信微博、各类手机客户端发布信息时，教育者可以将某类信息有选择性地发布给特定人群，只供在范围中的受教育者进行学习，不在范围内的受教育者可以屏蔽掉。这种精准的人群分类，为高校思想政治教育的精确目标定位提供了保障。

最后，高校融媒体得到的反馈具有科学性。这种科学性来自两个方面，一是反馈内容是真实可靠的，二是反馈人群是定位精准的。从反馈内容角度来看，受教育者通过高校融媒体平台，进行非面对面的交流互动，既可以匿名，又可以不公开，更容易表达出内心的真实情感，反馈内容存在虚假成分的可能性极低。从反馈人群来看，基于精准的受众分类，教育主管部门接受到的反馈内容可以按组划分，便于统计某类特定受教育者的反馈内容，数据较传统方式更为精准，有效提升了反馈的科学性。

六、融媒体与大学生思政教育融合发展具有坚实的理论支撑

融媒体时代媒体融合是一场事关传播模式的变革，它是媒体技术发展的产物，也是互联网技术与大众传媒向融合的需要，顺应了网络技术革命的潮流，是媒体融合时代的必然趋势。高校是我党理论宣传和意识形态教育的前沿阵地，大学生思想政治教育是我党掌握和把控主流意识形态领导权的重要保障，它不仅事关当代大学生社会主义核心价值观的培育，更关系到为中国特色社会主义培养优秀建设者和接班人的历史重任。鉴于大学生思想政治教育的重要性，其必须与时俱进，紧跟时代潮流，通过不断创新来提升大学生思想政治教育的有效性。在此背景下，探讨融媒体与大学生思想政治教育融合发展的理论基础显得尤为重要，这也是我们研究融媒体时代大学生思想政治教育的前提和学理基础。

（一）马克思主义关于社会存在与社会意识关系的理论

马克思在1859年总结自己的理论和实践活动是提出："人们在自己生活的社会生产中发生的一定的、必然的、不以他们的意志为转移的关系，即同他们的物质生产力的一定发展阶段相适应的生产关系。这些生产关系的总和构成社会的经

济结构，既有法律和政治的上层建筑立其上并有一定的社会意识形式与之相适应的现实基础"。其深刻揭示了社会存在与社会意识之间的关系，社会存在反映了一定时期社会物质生活的条件和方式，体现在社会生活的物质层面上，集中反映社会物质生产生活资料的生产方式，其中生产方式具有决定性作用。融媒体时代的发展揭示了特定时期的生产方式的变化，是生产方式变革的产物。而社会意识集中反映了社会生活的精神层面，可以包括个人意识、群体意识和社会心理等方面。大学生思想政治教育属于一种典型的社会意识，它既是个人意识的体现，也是群体意识的集中反映，是社会精神文明建设和发展的一种状态。

马克思主义认为社会存在与社会意识是辩证统一的关系，社会存在决定社会意识，社会意识对社会存在具有反作用，其具有相对独立性。随着互联网技术的发展，媒体技术也快速变革，通过沟通方式和社会关系的发展进一步缩短了人与人，甚至国与国之间的距离，使得人与人和国与国之间的关系在拉近的同时，也催生了相对复杂的社会关系。融媒体时代的到来是社会物质条件包括经济、政治、文化和社会等方面发生的深刻变革的产物，属于社会存在范畴的变化。这种社会存在的变化决定了社会意识的变化，个人意识、群体意识以及社会心理等都在发生快速的变迁。反过来，社会意识反作用于社会存在，其相对独立性要求大学生思想政治教育必须与时俱进，积极地与融媒体时代的变革相融合，并适应社会存在发生的变革，才能适应社会存在的需求，为实现"中国梦"和中华民族的伟大复兴作出积极的贡献。

（二）习近平同志关于融媒体与思想政治教育关系的重要论述

习近平同志尤为关注大学生思想政治教育工作，并多次就融媒体发展与大学生思想政治教育关系发表重要讲话，给融媒体时代的大学生思想政治教育提供新的指导，形成了自身较为系统的理论论断。

2016年习近平同志在全国高校思想政治工作会议上强调："要坚持把立德树人作为中心环节，把思想政治工作贯穿教育教学全过程。"该论断奠定了新时期我国大学生思想政治教育的理论基础，也充分反映了在融媒体时代要清醒地认识到教育客体的变化。新时期的青年大学生主体性地位进一步增强，媒体技能和媒体意识较强，思维方式更为活跃，传统的教育方式并不再满足新时期青年大学生的教育需求，融媒体时代的到来给传统大学生思想政治教育模式带来了新的挑战。为此，习近平同志的重要讲话正是在融媒体快速发展的关键时期给大学生思想政治教育提出的新的指导理念，具体可总结为以下几点：

首先是做好融媒体时代的大学生思想政治教育需要坚持"三因原则"。因事而化要求要根据教育环境的变化而变化，当外部环境发展了大的变化，再固守原有的教育模式而不思创新是很难做好思想政治教育工作的。这种因事而化强调的变化不仅包括教育方式、教育内容，也包括教育的理念。因时而进强调的是根据新的环境的变化而积极的作为，融媒体时代是一个必然的历史趋势，是不可逆转的时代潮流，在这种变革下，唯有顺流而上才能占领时代的制高点。因此，融媒体时代大学生思想政治教育要有所作为，不仅包括教育主体要有所作为，教育客体更要在这种潮流下通过利用融媒体而有所作为。因势而新更加强调融媒体时代的创新的重要性，融媒体时代的发展就是创新的产物，融媒体背景下的大学生思想政治教育必须要以创新为前提，包括理念创新、平台创新和媒介创新等。

其次是融媒体不是对传统媒体的完全取代，融媒体时代的大学生思想政治教育也并非是完全摒弃传统媒体时代的大学生思想政治教育内容，要做到在融合的基础上做好新时期的大学生思想政治教育。传统媒体时期的大学生思想政治教育的优势在于其内容优势，无论媒介环境发生怎样的变化，大学生思想政治教育的内容和指导思想不能变，变化的是在新的媒介环境下如何利用融媒体来进一步提高思想政治教育的有效性。这一原则要求融媒体时代要坚持融媒体与传统媒体时期的大学生思想政治教育的融合，在融合的基础上来取长补短，提高大学生思想政治教育的有效性。

最后是要认识到推进媒体融合发展是一项紧迫的课题，可以分为两个方面来理解：一是媒体融合对于大学生思想政治教育的积极意义。媒体融合拓展了大学生思想政治教育的渠道，提高了教育的效率和活跃了教育关系等，要充分利用其优势来提升大学生思想政治教育的有效性。二是媒体融合对大学生思想政治教育的消极影响，主要体现在对媒体监管和治理方面，融媒体时代传播途径的多元化和信息来源的多样化也给媒介和网络的监管治理带来了新的挑战。以上必须作为一项新的课题来对待，通过不断的探索和创新来趋利避害。

2019年3月18日习近平同志在学校思想政治理论课教师座谈会上强调，"推动思想政治理论课程改革创新，要不断增强思政课的思想性、理论性和亲和力、针对性。"这是习总书记在新时期给大学生思想政治教育变革提出了的又一次重要指导，这次主要是针对大学生思想政治教育课程的改革创新，使其紧跟时代变革，更能根据新时期教育主客体的变化来创新思想政治教育课内容。

习近平同志的以上两次重要讲话和提出的要求原则，为融媒体时代的大学生思想政治教育的变化奠定了基调，也为提升融媒体时代大学生思想政治教育的有效性给予了新的理论指导。

（三）中国传统优秀文化中有关"和而不同"的育人思想

文化具有以文化人的作用，对人具有一定的警示性和教育性影响。中国民族的优秀文化源远流长而长盛不衰，甚至对他国产生较大的影响，究其原因是中国民族的优秀文化具有包容性特征，其蕴含着较为丰富的育人思想。从孔子的"有教无类，因材施教"，到《大学》中提到的"自天子以至于庶人，壹是皆以修身为本，使其明人伦"的教育理念，再到西周时期史伯"和实生物，同则不继"的和而不同的世界观，我们可以简单地理解为不同性质的事物放在一起产生的融合作用，从而产生新的事物。这种朴素的认知观也更好地契合了融媒体时代的大学生思想政治教育的融合现状，融媒体与大学生思想政治教育本身属于两种不同性质的事务，而将融媒体与大学生思想政治教育二者结合起来，通过某种路径使其融合发展便产生了新的事物，这便是融媒体时代的大学生思想政治教育的创新过程。另一方面，和而不同的认知观也强调了差异性的存在，融媒体时代随着媒介方式的多样化也必然催生信息来源的多元化，再将更加凸显更新和主体性的当代大学生融合进去，便是一个充满个性和差异性的"和而不同"的世界。

和而不同的认知观告诉我们，针对这种差异性不应持有排斥的思想，而是正是这种差异性的存在，只要这种差异性能够和谐地存在于融媒体背景下的大学生思想政治教育的环境中，那便是一种新的事物，一种新的创新的产生。

第二章　融媒体时代对大学生思想政治教育的影响

融媒体是当代社会数字技术与信息技术的代表，为人们提供着大量的网络信息。作为当今社会的数字科技成果之一，融媒体是一种超越于其他传播媒介的全方位媒体，它以最新的传播方式推进了大学生思想政治教育知识内容的传播，也为思想政治教育者与受教育者同时提供了便捷的互动需求，不断推动了思想政治教育的发展。融媒体对大学生思想政治教育带来正向影响的同时也给大学生思想政治教育带来了负向影响。

第一节　融媒体对大学生思想政治教育的积极影响

融媒体被称为是推动大学生思想政治教育发展最快、最有效的媒体之一。融媒体具有资源丰富、传播速度快、开放性等优势，很受大学生们的喜爱，给大学生思想政治教育带来了积极影响。在融媒体环境下，思想政治教育可以借助融媒体丰富的资源、网络平台来弥补传统媒体的不足，不断提升大学生思想政治教育效果。

一、融媒体丰富了大学生思想政治教育的资源

融媒体时代信息传播媒介的广泛性，使思想政治教育内容更加丰富和全面。思想政治教育工作者在第一时间将资源信息通过融媒体传送至网络，供学生学习。这为思想政治教育带来便捷，也使思想政治教育工作者的效率得到提升。

融媒体的开放性，使思想政治教育内容从单一化走向全面化，从静态变为动态，内容更加直观贴近生活。思想政治教育工作者既可以通过一对一的形式与学生进行交流，也可以通过融媒体与大学生进行沟通。在融媒体虚拟空间中，教师与学生彼此之间的交流与沟通是平等的，相互之间可以进行资源的索取和传播，使大学生思想政治教育打破了传统教育的枯燥乏味，不断向形式多样化、内容生动直观化的方向发展。融媒体的数字科技技术扩大了思想政治教育的空间，大学生通过融媒体去关注思想政治教育。大学生受思想政治教育正面灌输的影响，在运用融媒体的同时也会自觉内化筛选信息，从而提升思想道德素质。所以融媒体有助于提高思想政治教育的影响力和实效性。

融媒体的互融、共享、互补促进了大学生思想政治教育资源的整合与共享。首先，内容的整合与共享，意味着教学空间的再度开放，这就有利于信息的及时整合与共享。经过层层的筛选与整合，教育者可以将有利于大学生身心健康的信息发布出去，实现信息资源的共享。同时，这种共享也是双向的，受众在网络上可以获取自己想要的信息，也可以主动将自己知道的信息提供给他人，实现多层面多方位的资源共享。网络资源的共享性为大学生思想政治教育提供了一个广阔崭新的发展空间，这在一定意义上克服了以往诸多传统教育的狭窄性的弊端。此外，我们还可以通过网络进行实时互动与关注，更加深入地了解多数学生的心理状态与思想状态，针对性地提供帮助和引导，提高学生的心理素质，解决学生心理问题，使其树立正确的理想信念，形成良好的思想作风。

其次，融媒体有利于更好地整合主体资源优势。大学生思想政治教育的创新发展工作必须做到"要注重提高质量和水平，增强吸引力和感染力"。这就要求高校在开展思想政治教育活动时，既要高效地利用融媒体技术，增加融媒体在大学生思想政治教育工作中的比重和分量，也要提高传播内容的质量与水平。同时又要做到在宣传内容上"让群众爱听爱看、产生共鸣，充分发挥正面宣传鼓舞人、激励人的作用"。做到内容与形式相统一，理论与实践紧密结合。此外，从事大学生思想政治教育的相关人员也在努力突破原有束缚，适应与调整思想政治教育的教学方式。高校管理人员要求打破原有的监管壁垒，学习融媒体新的技术与管理模式，努力调整并完善原有的管理手段。例如，统一制定媒体运行与管理的一系列规章制度，保证校园传媒工作的制度化与规范化，以制度建设推动思想政治教育资源整合，重视专业化队伍建设，规定校园传媒的选拔制度与用人标准；制定校园传媒工作的具体行为规范，建立相关培训制度，提高队伍的实际工作能力；强化网络监管，有效引导网络舆论等基本内容，进而为大学生思想政治教育的资源整合提供保障。

最后，高校要综合运用资源，实现资源的整合与共享。要利用好人力资源，发挥好人力资源优势，培育专业性的人才，建立专门研究、操作资源整合的队伍；积极建立健全财务机制与体系，发挥财务资源在大学生思想政治教育资源整合中的重要作用；高校要加大财力、物力的投入，加大对人才培训与网站维护等方面的资金投入；高校要巧用组织资源，以学院党委书记带头，党员同学做表率，形成院校两级的协同工作体系。并在党委的统一领导下，高校各部门、各院系共同努力，齐抓共管，最终实现大学生思想政治教育的资源整合与共享。

二、融媒体促进了大学生思想政治教育的工作手段创新

传统媒体思想政治教育工作是由教师作为最重要的教育角色，教师通过举例子、讲道理等教育手段将知识传授给学生，更多的是"照本宣读"的讲课方式。教师与学生之间存在着一种单向传送知识的模式，这种模式导致思想政治教育知识的传播具有局限性。融媒体时代的到来，全面打破了思想政治教育的局限空间，以载体的形式将思想政治教育的内容和理论展现在大学生面前。

进入融媒体时代，微博、微信、博客、论坛等以快捷、直观的特征展现。与传统思想政治教育相比，融媒体作为思想政治教育的载体，使思想政治教育传播手段都更加快捷、直观。它将广播、文字、音频、数据等全部融为一体，给大学生带来不一样的视听效果，这样不仅刺激了大学生的感官，又调动了大学生学习的积极性。让大学生自觉运用融媒体的直观、便捷等特点去学习思想政治教育的内容，创新了传统媒体教科书般的授课模式，也使思想政治教育内容通过融媒体灌输到受教育者内心，通过内化与外化的双重方式，使受教育者的思想向教育目标的方向发展与提升。

三、融媒体增强了大学生思想政治教育中的主客体互动

思想政治教育信息的传播是建立在教师与学生之间，是两者进行思想和情感互动沟通的过程。传统思想政治教育大多采用单一的教科书方法，教师将枯燥乏味的思想观念、道德规范传授给学生，没有根据学生的基本情况进行知识的传授，从而限制学生与教师之间的交流与互动，抑制了受教育的自主性、积极性和创造性。

融媒体交互性的特点给予教育者与受教育者两者平等的权利，给师生之间互动提供便捷。运用平等互动方式进行交流，既给大学生提供了轻松、娱悦的学习空间，又增强了师生之间的情感交流。在日常生活和学习中遇到需要解决的问题可以通过网络论坛、微信、等手机网络媒体方式与教师进行反馈和交流，在反馈交流过程中教师帮助学生解决问题的同时也将学生的自主意识进行转变，使学生的思想观念更加贴近社会、贴近思想实际、贴近生活实际。在思想交流过程中教师可以帮助学生树立正确的人生观与价值观，同时也增强了思想政治教育的效果。融媒体的形式多样化、图文结合、音频效果的特征可以调动学生的兴趣，可在最大范围内激发大学生运用融媒体进行思想政治教育信息的获取，促使师生之间的沟通互动更加和谐自然，既是良师也是益友。

四、融媒体提升了大学生思想政治教育的实效性

在思想政治教育的过程中，教育主体与教育客体两者之间的信任度是影响教育效果和质量的主要原因。在传统思想政治教育过程中，教学载体单一化，师生之间沟通交流存在局限性，造成大学生思想政治教育效率不高，效果不好的状况。

融媒体完全突破了现实生活与虚拟生活之间的界限，为大学生思想政治教育提供了新的平台。教育者与受教育者可运用网络媒体进行平等的交流，减少了受教育者的心理防范，拉近与教育者之间的心理距离。运用微博、微信、QQ、论坛等载体可以将大学生自己遇到的问题、困难等不良情绪倾诉出来。这种融媒体平台可以促使大学生袒露心声，畅谈想法，并对自己喜欢的话题进行评论、点赞和转发。有利于教育者快速了解到学生所遇到的困难及问题，立刻进行线上讨论，

针对性解决实际问题，这样在思想政治教育工作中就会做到有的放矢，也可以帮助学生树立积极健康的心态和乐观向上的思想，形成师生之间人格、地位上有一种放松、愉悦的空间，消除师生之间的隔阂，提高师生之间的信任度，不断地增强思想政治教育的效果。

第二节　融媒体对大学生思想政治教育的消极影响

　　唯物辩证法告诉我们任何事情都是具有两面性的，融媒体时代的到来既给大学生思想政治教育带来正向影响的同时也带来一定负向影响。在融媒体时代的背景下，信息传播渠道的多元化，传播者的平民化，信息内容的泛化，各种各样的媒介传播方式都会导致传播环境混乱，使融媒体的环境失范，使社会上出现伦理问题，信息的管理问题，舆论问题、虚拟化问题。如果这些问题不及时解决，会对大学生的成长造成很大的负面影响，同时也会给大学生思想政治教育的工作带来许多负向影响。

一、融媒体的多样性使思想政治教育工作者的主导地位受到冲击

　　1.融媒体的多样性使得思想政治教育工作者主导地位发生改变。

　　传统思想政治教育中，教师不仅具有丰富的理论知识，而且还具有多年的教学经验，相对于大学生而言具有很大的信息优势。因此在教育过程中具有绝对的掌控权。他们习惯用传统的灌输式将思想政治教育内容讲解给学生，忽略了学生对融媒体教学的期盼，使思想政治教育效果不显著。作为思想政治教育者，要掌握好思想政治教育的理论内容与实践过程。

　　在融媒体时代，以往的局面被全面打破。融媒体的主力军已经是当代大学生，对于网上相关的言论，大学生直接通过融媒体搜索自己所需的信息和资料，可以不通过教育者获取信息。长此以往，大学生思想政治教育者的主导地位就会受到"威胁"。教育主体与教育客体的地位成为平等关系，大学生在接受教育过程中逐渐成为了主体。

2.融媒体的多样性使得思想政治教育工作者的知识理论结构受到挑战。

融媒体信息多元化给大学生提供了很多选择空间，打破了传统单一的教育方式，促进了大学生自主学习能力。融媒体构建平等交流平台，把大学生的自我主体意识调动起来，提高了大学生的认知水平，转变了大学生的接收方式，扩展了大学生获取信息的渠道，使大学生了解接触信息观点与看法的机会更多，学生要把自己的观点、判断、主动与教师进行交流互动。打破传统媒体固定单一的教育方式，思想政治教育者应该不断加强对媒介知识的学习，突出教育现代化，也应该从科学的角度去评估网络媒体对大学生思想政治教育的影响，提高大学生运用融媒体获取知识的能力，教师才能成为大学生健康成长路上的引路人。

二、融媒体的传播性使大学生思想政治教育内容日趋泛化

融媒体时代信息的传播是不受任何限制的，空间、时间、资讯都是对外开放的状态。在网络上我们每个人既是信息发送者也是信息接收者。网络传播的交互性，导致网络上的信息参差不齐，大学生不能够正确地对融媒体传播的信息进行辨别，导致思想政治教育的难度增大。

一是思想政治教育主旋律将受到冲击。当前我国大学生思想政治教育的内容包括世界观、人生观、价值观以及社会政治、道德与法治的教育。融媒体信息被高校广泛运用，大量负面的"三观"教育已经在大学生中间广泛传播，使大学生思想受到融媒体信息腐蚀，使主流文化受到融媒体的冲击，给大学思想政治教育造成严重的负向影响。

在传统思想政治教育环境中，教师根据学生的基本情况进行教学设计。但是这种教育模式，导致教育内容相对平静化。因此在融媒体信息传播方式多样化背景下，大量低俗、反马克思主义、反社会主义的思想文化信息出现在大学生眼前，使得大学生思想政治教育主旋律受到冲击。一些西方国家，借助融媒体技术优势与话语霸权，来传播一些资产阶级"人权""自由""民主"的思想观念，对我国的党政方针政策路线进行攻击和歪曲，让思想尚未成熟的大学生，很容易受到发达西方国家资产阶级意识形态、生活方式的影响。如果对以上现象不加强防范，大学生尚不稳定的"三观"将会受到负向影响。

二是融媒体信息内容泛滥对大学生思想政治教育提出了更高的要求。随着现代媒体技术的发展，互联网信息量日益增长，信息传播渠道多样化，信息内容更新及时，可是人们接收信息、运用信息的能力跟不上信息更新的步伐，就会出现信息大泛滥的现象。据苏格兰一家软件公司在互联网上的调查结果显示，有47%的内容与色情有关，传播者为了获取个人利益，通过媒体传播不健康的信息来危害大学生身心健康。这些不良信息在融媒体环境中进行传播，使心智尚未成熟的大学生在面对选择时陷入困境，表现出理想信念迷失、社会主义道德缺失、社会责任感淡化、只看重金钱利益，在形式多样的信息内容中将积极健康的思想内容传送到大学生的生活中是一个比较艰难的过程，因此降低了思想政治教育对大学生的影响，导致大学生思想政治教育目标的难以实现。

三、融媒体的交互性使大学生思想政治教育传统方法受到挑战

1.传统思想政治教育方式方法丧失了竞争力

习近平同志在全国宣传思想工作会议上指出"明者因时而变，知者随事而制"。创新思想政治教育工作的新局面要从理念、技术、内容上入手。

融媒体时代的到来，传统灌输式教育方式已经落伍，不能够满足新时代大学生的需求。由于传统媒体教育方式过于单一化，缺乏互动，在融媒体时代逐渐丧失竞争力。融媒体技术的出现，传统信息教育者的地位被垄断，再加上多元化网络信息平台和政治观点的出现，思想观念得以形成和传播，真正形成了"百花齐放"的学术氛围。大学生们通过多元化的信息资源不仅可以了解到中国政府的观点，还可以了解到其他国家的态度。由于融媒体信息传播途径多样化、知识的多元化、信息资源的丰富，传统教育方式方法的不足也逐渐显现出来。融媒体多元化的教育方式更能够满足新时代大学生的需要。融媒体环境下大学生获取信息量远远超过于书本和课堂，网上各种信息资源、数据库和网站都成为大学生获取知识的途径。在丰富的信息资源中自主选择和查阅所需信息同时，大学生自主学习的求知欲在逐渐提高。在融媒体下寻找适合大学生的教育方法，来不断地提升教师与学生之间的互动，调动大学生们的积极性与主动性，这是当前融媒体环境下高校创新大学生思想政治教育方法的核心问题。

2. 大学生思想价值观受到多元化信息的冲击

传统思想政治教育方法是教育者自上而下地灌输，受教育者处于被动接受的地位。这种思想政治教育方法有助于避免大学生与反动、落后的思想接触，有利于大学生接受积极健康的思想教育。融媒体时代的到来改变了大学生思想政治教育的环境，使大学生思想政治教育传统方法受到挑战。融媒体交互性的传播方式，带来了大量不良信息，容易导致大学生的人生观、世界观、价值观的扭曲；虚拟空间和现实空间界限的日益模糊，尤其是网络游戏、网络暴力、低俗小说的泛滥，吸引着大学生们的眼球，大学生为其疯狂、为其着迷，身陷其中而不能自拔，融媒体的交互性对大学生产生了许多消极影响，这就对现有的大学生思想政治教育方式提出了挑战。因此，面对融媒体时代的新形势和新挑战，怎样学习和运用融媒体，成为大学生思想政治教育者需要攻克的难题之一。

四、融媒体的开放性使大学生良好的道德品质形成更为曲折复杂

一是道德情感的疏远。融媒体的开放性使互联网和通信工具代替了传统媒体面对面的交流沟通。人们彼此间交流将通过语音、文字、表情符号等网络传播方式进行，变成人与机器的交流。融媒体的开放性使得人们交流不受时间、地点限制，更容易在网络交流中无法自拔，现实生活中面对面的交流机会就少之又少，人与机器的接触越来越频繁。大学生长期与互联网接触导致学生沉迷在虚拟网络空间中。一方面，不仅浪费了时间，还使学生与现实社会脱离，缺少自我锻炼与实践的机会；另一方面，减少了面对社会的机会，与熟悉的家人、朋友、教师、同学之间的感情淡化，长期会导致大学生在道德情感上失去知觉，对于现实生活的人与事都漠不关心，也慢慢失去现实感情和有效的道德判断力。

二是道德行为的失衡。融媒体是一个极度开放、张扬个性、展现自我的空间，导致一些心智尚未成熟的大学生的行为失控。大学生利用网络套取他人的账号信息进行网络购物，给他人经济造成严重损失；大学生运用网络进行诈骗，通过互联网发布虚假广告、制作低俗的色情网页、图片、视频等不道德行为，不仅对计

算机网络信息安全造成很大影响，而且给社会也带来了难以想象的危害。大学生对网络信息判断力较弱，容易被一些不道德行为所影响，不能客观理性地看待社会发展中存在的问题，将会使大学生走上犯罪道路。因此，融媒体时代道德行为失衡现象是我们当前需要深思的问题。

第三章　融媒体环境下大学生思想政治教育的机遇与困境

尽管融媒体时代给大学生思想政治教育带来了新的机遇，提高了其便捷性和有效性，成为新时期大学生思想政治教育的新载体。但是也必须看到融媒体时代大学生思想政治教育过程中存在的困境，本章主要论述融媒体时代大学生思想政治教育中面临的机遇和困境。

第一节　融媒体环境下大学生思想政治教育的机遇

一、融媒体时代为大学生思想政治教育融合创新带来了机遇

传统媒体模式下的大学生思想政治教育以书本为主要内容，以弘扬马列主义和中国特色社会主义思想等为指导思想，带有"灌输式"特征。其讲授方式多以反复强化记忆和理论宣扬为主，更加凸显教师的主观能动性，而被教育者多处于被动的地位。融媒体模式下的大学生思想政治教育实现了以下三个方面的拓展。

第一，将固定教室拓展成"固定教室＋网络教室＋空中教室"，该模式不仅突破了大学生思想政治教育对于固定地点的依赖，还极大地丰富了教育的课堂范围。固定教室成为以讲授和宣扬教育思想和教育内容为主，网络课堂成为教室和学生获取教育资源和教育素材的场所，而空中课题则实现了教育主体和客体即时互动交流的媒介。融媒体背景下的教室变革实现了传统教育模式与新教育模式的优势互补，既较好地传授和宣扬了思想政治教育的核心力量和指导思想，还能通过情景模拟、名家课堂和线下互动等模式增强了教育主体和客体对思想政治教育

的兴趣，为探索更加多元化和互动性极强的教育模式提供了新的机遇。

第二，进一步拓展了传统教育模式的外延。传统教育模式下是较为严格的师生关系，教师对教育的内容和方式具有权威性，对于教育客体的行为具有一定的控制力。而在融媒体模式下，大学生思想政治教育通过线上线下的沟通和反馈不断地变换着二者之间的关系，如教育主体在讲授完某一个观点时，教师是主体，学生是客体，但是当学生就教师讲授的内容进行补充和反馈时，教师则变为教育客体，学生则成为教育主体。这种融媒体模式下对于教育内容和教育素材的多元化及时性获取和理解极大地拓展了传统学校教育的外延。

第三，进一步加快了教育内容的传播速度和广度。传统媒体时代大学生思想政治教育的对象以在校大学生为主，受阻于传播媒介的传播范围，其教育内容的传播速度和广度都有限。融媒体时代，大学生思想政治教育突破了学校的固定范围，可以通过网络课堂和空中课堂进行更加广泛和全面的传播。除了在校大学生，校外群体也能随时随地的学习和了解其教育的内容，并以更为快速的传播速度被更广范围的群体所获知，从而极大地提高了思想政治教育的范围和效率。

尽管当前融媒体时代的大学生思想政治教育还未能全面实施网络化模式，但是有融媒体作为载体，随着大学生思想政治教育路径和模式的创新，大学生思想政治教育的范围将被进一步拓展。

二、融媒体时代为教育客体参与大学生思想政治教育教学提供了新机遇

当代大学生伴随着网络革命和媒体融合的进程成长起来的，其对个性化的需求强烈，思维较为敏捷跳跃，接受新事物的能力较强。融媒体的快速发展更加迎合了当代大学生的成长诉求，也表现出对传统教育模式的排斥及对新教育模式的偏爱。很显然，传统的讲授模式已经不能适应当代大学生的需要，而融媒体平台则为当代大学生参与大学生思想政治教育提供了新的机遇，这种机遇对于进一步拉近师生关系，提升思想政治教育的效率具有积极的意义。

融媒体时代教育客体参与大学生思想政治教育的原因主要有以下两点：

一是在融媒体环境下，在校大学生能够更熟练高效地使用融媒体媒介。融媒体时代表现出一个较为明显的错层，这就使得高校思政教师在适应融媒体和使用

融媒体等方面存在着一定的障碍。高校专门的融媒体教师队伍建设尚未完善，而教育的客体在适应融媒体和使用融媒体方面具有优势，其利用融媒体获取教育资源和教育素材等方面更加得心应手。这在一定程度上为融媒体时代大学生思想政治教育主体提供的内容和素材带来滞后性，甚至不完整性。这给予教育客体参与到大学生思想政治教育提供了新机遇，并通过相互学习交流和角色的转换来提高思想政治教育的效率。

二是在融媒体模式下，教育客体的主体性增强。融媒体带来的多渠道和多元化的学习交流模式，能够激发教育客体乐于沟通交流，更愿意分享知识成果的积极性。教育客体的主体性意识的强化，给传播教育思想和内容提供了新的发展机遇。

三、融媒体时代为强化理论与实践相结合的教育模式提供了新机遇

马克思主义科学实践观认为，实践是认识的来源，是认识发展的根本动力，是检验认识正确与否的唯一标准。传统媒体时代的学校思想政治教育被误认为是纯理论的学习，而忽视了思想政治教育的实践环节。理论教育与实践教育相结合应是大学生思想政治教育的应有之义，因此融媒体时代的大学生思想政治教育在注重理论教育的同时，更加凸显了其实践的属性。首先是融媒体媒介下的更为真实和震撼的声音和视频等方式的宣传，能更大程度上激发人的实践观。比如传统模式下讲授我党的党史，对于延安革命圣地的讲授缺乏绘声绘色的展示，融媒体模式下通过现场直播、视频播放和网络宣传等方式极大地激发了教育客体参与实践的积极性，实现理论教学与实践体验相结合的教育观。其次是借助融媒体的媒介平台，更多的人能够通过媒介平台来分享自身的实践感受和心得，并通过网络模拟和资料获取等方式，能够更加清晰和全面地了解实践对象的详情，为开展实践环节提供了保障，也为理论教育与实践教育相结合提供了全新的机遇。

四、丰富了大学生思想政治教育创新发展的育人方式

传统思想政治教育方式，更多是一种自上而下"你声嘶力竭，我不为所动"的"一刀切"模式，主要表现为一种指令性的教育方式，并且是学生必须在规定

时间内到规定的场所接受教育。而融媒体时代，教育者与教育对象可以在任何一个设有终端的地方随时传播并获取所需知识，教育方式与手段不再仅局限于课堂，课堂之外的现实空间与虚拟空间也在同步发展，因此，"对思想政治理论课教师来说，用好融媒体是适应时代发展需要、夯实思想政治理论课主渠道作用的必然选择。"，也是扩大思想政治教育范围，提升教学效果的必由之路。

首先，大学生思想政治教育创新发展可以利用融媒体将党的理论和路线、国家的大政方针、校园的实时动态及学生的思想状况进行更高效的传递。例如，在现实空间里可以通过校园展示栏、校刊、校报以及校园广播等进行展览与宣传，而在虚拟空间领域以社交媒体为核心搭建的新媒体生态圈，不仅为大学生思想政治教育工作者与大学生提供了反馈信息和真实想法的交流互动平台，而且为教师更多地了解、关注学生打开了一个新的窗口。同时，教育者还可以充分利用融媒体的多样化技术与多重功能，组织学生观看优质视频、公开课、看电影、网上作业、网络论坛讨论等，教育的手段更趋向现代化。此外，以自媒体为核心搭建的意见领袖体系，如校园官方微博、校园社交媒体、微信公众平台、高校网站等多种方式与手段，凭借对内容的有效把握，经过层层把关，综合研判，选出优质内容，在话语体系的创新与完善方面，做到更加亲民接地气，更具吸引力与竞争力，以便更好地引导舆论导向，更加准确地掌握大学生的心理状态与思想动态。这样既充分利用了传统校园媒体，守住了传统校园媒体在主流思想上引导的重要地位，又主动利用新媒体的传播优势，积极开拓创新网络思想政治教育新方法、新形式，通过一系列有趣的网络流行话语体系将时政要闻、思想感悟等表达出来。

其次，在传统媒体时代，大学生关注外界相关信息途径相对较少，而在融媒体时代情况则相反。大学生可以通过思想政治教育专题网站、或者各大门户网站专题讨论等多样化的途径获取自己感兴趣的信息，例如，浏览一些能够提高自己实践能力的有效资源信息、提高个人素质与能力，以及帮助个人发展规划的网络课程等，这样不仅实现了大学生自身的教育需求，而且也明确了教育者的教学任务与目标，使其在之后的教育工作中把握核心内容，做到与大学生自身实际情况相结合，合理设置教学内容。同时，当代大学生使用各种不同的媒体工具或不同类型的社交网络，实际上是对现实生活中与同学、朋友的关系的一种延伸，他们可能在现实生活中因为"面对面"的表达感到局促与紧张,所以他们通过社交网络轻松地表达出来,并使身心处于一个相对放松状态,缓解现实中紧张不安的气氛。此外,他们不仅在多元的方式中强调自我价值的实现,张扬个性,而且时刻了解社会的状态,关注国家的发展。因此,在融媒体时代,教育方式与手段的新颖性是提高思想政治教育效果的重要前提。

五、拓宽了大学生思想政治教育创新发展的教育平台

融媒体为大学生思想政治教育塑造了全新的平台,为大学生思想政治教育创新发展提供了便利。传统的大学生思想政治教育平台主要是以课堂教学为主,传播方式以单向传播为主,师生缺乏一定的交流。而融媒体技术的应用实现了思想政治教育平台由单向度向多向度的转变,实现了由静态向动态的形式转变,思想政治教育内容的教授与传播,不再只是传统意义上的"机械式发布",无互动、无交流、无反馈,而是取得大的跨越和质的进步,在内容的发布与传递上更加的立体化、及时化,也更加自由。通过对融媒体技术的应用,教育主客体之间的沟通交流增强了,教育者通过对学生的实际需求的了解,思想动态的把握,可以更好地实现大学生思想政治教育创新发展的目标,推进大学生思想政治教育创新发展的进程。

一是在传统大学生思想政治教育工作中,教师主要通过学生的课堂表现与座谈会、思想汇报等方式了解学生的思想与心理状况。但教育者在这一过程中,对学生真实思想状况的把握与了解缺乏真实性,甚至了解到的是错误信息。因此,教育者得不到真实信息,抓不住主要问题,思想政治教育的有效性也就降低了。马克思认为"社会——不管其形式如何——究竟是什么呢?是人们交互活动的产物。"在新时代,融媒体建构的大学生思想政治教育主客体互动交流的新空间,提供的新平台,实际上是教育主客体之间互动交流的产物,教育者可以在这种空间与平台里更好地了解和掌握学生的思想动态。例如,教育者在发布相关信息时,可以采取多渠道发布,如通过官微、校园公众号、微信及直播方式传递相关信息、发布实时动态。同时还可以通过一些留言或评价进行互动交流,近距离的体验与学生的互动沟通,更能够及时准确地了解学生的所思所想。大学生可以在网上尽

情地袒露心声，表达自己的诉求。教育者可以在这里听到或了解到大学生个性化、多样化的需求，并及时地给予帮助。同时，教育者可以在这里发布传统优秀文化知识、传播先进的思想文化，引导大学生树立符合社会主义发展的主流价值观。

二是融媒体时代的真正意义不仅是发展新媒体，更重要的是推动传统媒体与新媒体的深度融合，所以在利用新媒体平台推动大学生思想政治教育创新发展的同时，也需发挥传统媒体的内容资源优势，大胆探索，开拓创新。如当下流行的手机媒体就是媒体融合后得以实现的媒体平台，无论是大学生群体还是教育者群体的生活都离不开手机媒体，互联网、电视、报纸、广播等媒体技术在手机媒体上的汇合，充分证明融媒体时代已经到来，而且在实践方面，手机电视、手机报纸、手机广播等基于手机的融合媒体已投入使用。为此，高校可以在思想政治教育创新发展的过程中，将传统校园媒体（校报校刊、校园板报、校园广播等）中的时政要闻、思想内容、校园动态与手机技术相融合，传递到大学生群体，真正实现大学生思想政治教育的创新性。总之，融媒体时代为大学生思想政治教育的创新发展创造了最佳的技术环境，也为大学生思想政治教育工作者提供了更加广阔的教育平台，实现了多元化教育平台的共同发展，增加了大学生思想政治教育的吸引力与感染力。

第二节 融媒体环境下大学生思想政治教育的困境

尽管融媒体时代的到来给大学生思想政治教育带来诸多的新机遇，也一定程度上为大学生思想政治教育的变革和创新提供了载体，但同时也要看到，在媒体融合进程中，由于媒介传播发展的速度快于大学生思想政治教育变革的速度，这也给大学生思想政治教育带来了新的困境。笔者将在电话访谈和面对面座谈研究基础上来研究融媒体时代大学生思想政治教育的困境及其原因。

一、融媒体时代降低了教育客体对教育内容的认同感

传播途径多元化和信息海量化既是融媒体的优势，也是其缺点。融媒体时代多元化的传播途径带来的海量化的信息真假难辨，甚至有编纂加工和恶意更改的

成分存在。这种对海量化信息的接收和处理对于娱乐性而言或许影响不大，但是对于大学生思想政治教育而言则影响极大。大学生思想政治教育的内容是以宣扬我党执政治国理念和社会主义核心价值观等具有正能量和影响力的文化和理念为主的集合，其具有政治性、积极性和引导性属性。在融媒体时代，由于传播媒介的多样化导致信息的海量化接收，难免出现多种渠道、多个群体和个人以及多种信息来源的理解和阐释，也必然带来对于思想政治教育内容的扭曲和错解。

相比与传统媒体时代，大学生思想政治教育的内容传播渠道相对固定单一，高校及高校教师所宣讲的思想政治教育内容具有绝对的权威性和严肃性，高校教师也对传播的内容具有较好的把控力和引导能力。而融媒体时代的信息来源纷繁复杂以及对教育内容的多种多样的理解和阐释，一定程度上降低了教育主体在宣讲思想政治教育内容上的权威性，也降低了教育客体对于思想政治教育内容的认同感，甚至产生某种程度的质疑和犹豫等，严重影响了大学生思想政治教育的有效性。

某大学生思想政治教育专业在校本科生 C 同学认为：相比较于传统媒体，其更加喜欢融媒体时代的大学生思想政治教育模式，究其原因在于校大学生的日常生活已经离不开融媒体，即使不学习，媒体花费在互联网和手持智能终端上的时间也是很多的，换句话说，在校大学生更喜欢丰富有趣的信息多过相对晦涩枯燥的思想政治教育理论和内容。可以肯定的是融媒体时代由于接收信息的渠道的多元化，加之我们对接收信息的内容不太重视其真假，更多的关注其是否新颖有趣，这在某种程度上肯定是降低了在校大学生对于思想政治教育内容的认同感，因为他们缺少辨别真伪的能力和标准，将知识性转变为了趣味性，这是一个较为严重的问题，当然也是融媒体时代大学生思想政治教育中的一个大问题。

某大学生思想政治教育专业在校研究生 F 同学认为：我所理解的认同感，应该是一种坚定不移的肯定和坚信吧。不管是传统媒体时代还是融媒体时代，我认为对思想政治教育内容的认同感是有保障的，这毕竟是我国思想政治教育长期开展的成果。但是就我个人而言，我认为对大学生思想政治教育内容的认同感肯定是有所影响的，但绝不是较为严重的影响。尽管信息海量化的来源增加了我们甄别信息的难度，也让我们产生更多的困惑。但是我的标准是，当遇到这种困难的时候，要么请教教师，要么对照教材，这或许是当前一个简单而又直接的渠道吧。

二、融媒体时代削弱了教育主体的影响力与控制力

大学生思想政治教育的构成中，教育主体在整个教育过程中具有主体地位，不仅要熟悉掌握和理解我国思想政治教育的内容和新变化，还要对教育客体的教育效率及有效性承担一定的责任。具体来说，其主体功能体现在两个方面：一是在思想政治教育进程中的影响力。思想政治教育教师的影响力是通过其宣讲和讲授教育内容所体现出来的，比如教师的个人魅力，渊博的学识和讲授的技能等。这种影响力是构成大学生思想政治教育有效性的重要基础，一个优秀的思想政治教师不仅能够轻松高效地将晦涩和枯燥的理论内容绘声绘色地讲授出来，而且能够通过个人的魅力和技能感染教育客体理解和掌握思想政治教育的内容，并自觉主动地参与到思想政治教育的学习过程中去。二是对思想政治教育效果的控制力。教育主体对思想政治教育内容的控制力主要体现在对教育客体的控制力上，包括对教育客体学习效果的考察、日常学习生活的影响和课后学习生活的监管等方面。

但是在融媒体时代，传播媒介的多元化带来了获取资源信息的多种渠道，通过网络和手机等能够随时随地，方便快捷的获取到全国各名校名师在线授课视频，甚至可以进行随时随地的线上互动交流。这种信息获取渠道的多元化和便捷化一定程度上降低了教育主体的影响力。

另外，融媒体时代获取教育资源的便捷化也加重了教育客体对于媒介的依赖性，而弱化了其对于课堂教学的重视度。教育客体可以通过视频回放、在线学习和直播互动等方式及时弥补课堂教学中的缺失，一定程度上激发了教育客体自我学习和自主学习的积极性。这种弱化课堂授课而过度依赖媒介学习的模式转变，给教育主体监管教育客体学习内容和学习效率带来了新的挑战。

某大学生思想政治教育专业青年教师Z的访谈观点是：一、我认为融媒体时代给我带来的最大的角色上的转变和困境是学生与教师关系的转变。在我读书的时候，作为学生尊敬教师是最基本的礼仪，当然也会惧怕教师。我与教师的关系更多地体现在对知识的面对面交谈上，我更加倾向于相信教师，甚至仰视教师的地位与学识。但是就我从教这一年的体验来看，现代的学生更加个性化和自我，

由于其获取信息的渠道多，能力高且技术强，所以他们对于教师布置的作业，讲解的内容和观点等都持一定的怀疑和排斥态度，甚至在提交的作业中，来自网络的抄袭和剽窃部分很大，这也给我们思想政治教师在教育教学和日常班级管理中带来了困难和无奈。

某大学生思想政治教育专业老教师 Q 的访谈观点是：作为一名思想政治教育专业的老教师，我当前最大的困难在于对融媒体技能的掌握。现在全校都在积极推广多种形式的网络课堂，增加与学生的互动性，但就我个人而言，还是更喜欢依赖于传统的课堂教学，这样能够面对面的讲授沟通，最起码能够看到鲜活的个体存在，能够完成随堂教学的测试和随机提问等，并能够更好地检测教学成果。而融媒体模式下，师生之间的关系是更加疏远，你的观点随时随地都会被攻击，但你又不知道是谁在发言。总之，融媒体时代的教育控制力和教师的影响力都在受到挑战。

三、融媒体时代对大学生思想政治教育模式要求更加多样化

融媒体时代带来了教育模式和教育客体两个元素的显著变化，教育模式主要体现在融媒体模式对于传统媒体模式的替代。首先，教育客体的变化主要体现在其对教育内容和教育技能的要求更加苛刻。融媒体时代，随着信息海量化和获取信息方式的便捷化，大学生思想政治教育的内容更新频率也在加速，比如昨天习近平总书记的重要讲话内容就要及时出现在当天的思想政治教育课堂上，甚至一些国家性和国际性的大事件还需要以现场直播的方式即时的呈现。这就要求教育主体不仅要有获取海量信息和筛选海量信息的能力，还要有能够随时随地解读和宣传即时信息的技能，这些变化对于习惯于传统教育模式的教育主体具有极大的挑战性。其次，是对借助融媒体即时更新教育内容带来的挑战。融媒体时代可以实现便捷即时和多渠道的获取海量信息，而对于海量信息的处理需要具有较好的理解教育内容、准确把握教育方向和高效宣扬教育内容的能力。

虽然当前我们可以凭借融媒体来获取更多的信息，但仍不能依赖融媒体来批量处理海量信息，这给大学生思想政治教育内容的创新带来了新的挑战。最后是教育客体对于融媒体时代大学生思想政治教育模式创新要求更加苛刻。融媒体时

代的大学生思想政治教育客体具有较好的媒介技能和活跃的思维，其对于个性化和创新性的要求更高，比如其对于高校融媒体教育平台及大学生思想政治教育内容等具有较高的要求。融媒体时代以上内容的变化给监管机构、教育主体和教育平台等创新带来了新的挑战。

某大学生思想政治教师 G 的访谈观点是：现在学校每个学期都在推行教学模式改革，目前学校已经有多个专门的融媒体教学教室，每学期都在积极地鼓励教师申报融媒体课题教学，但是申报的教师相对不是很多。作为一名大学生思想政治老教师，我之前二十多年的教学都是固定地沿着指定教材的教学大纲进行，就是讲授和宣扬高教版的思想政治教育内容，90% 以上的内容都是来自课本，考试也是一样。但是现在不行了，融媒体模式下如果你还按照传统模式教学，可能没几个学生来听课，即使来听课，也都是玩手机或者平板，因为网络上有比你讲的更好的人的课可以听。另外，当你讲授课本内容时，大家的积极性不高，但是当你讲授热点问题或者国际大事时，他们更加积极地参与谈论并发表观点，有时候我特别惊讶，学生对这些问题的看法远超于你，他们好像才是专家。

某高校大学生 L 和 M 的观点是：我们作为当代大学生，当然是更加喜欢融媒体并对其更加依赖，所以也更能接受融媒体模式下的教育教学，我认为融媒体模式下的大学生思想政治教育应该强化两方面的内容：一是更加鼓励和倡导大学生个性的张扬，鼓励发表观点、参与讨论和参与教学创新等，更加尊重学生的地位和重视其主体性的发挥；二是对于思想政治教育中的基础理论和课本内容应该引导其自主学习，教育教学应该将重点放在最新的内容和信息的交流学习，通过讨论的方式来辨析其内容。

四、融媒体时代大学生思想政治教育的环境更加复杂

习近平同志强调："网络空间天朗气清、生态良好，符合人民利益。网络空间乌烟瘴气、生态恶化，不符合人民利益。谁都不愿生活在一个充斥着虚假、诈骗、攻击、谩骂、恐怖、色情、暴力的空间。"现如今，媒介环境、网络空间总体处于一个积极向上的态势，但非理性谩骂、网络谣言、网上诈骗、网络暴力等依然时有出现，网络环境变得更加复杂化，大学生思想政治教育的创新发展难度增加。

近两年个别媒体为了追求点击率、浏览量,热衷追捧"网络红人"、娱乐明星,过度肤浅化、娱乐化的信息不断涌现,助长了享乐主义、奢靡之风,导致网络环境变得更加复杂化。越来越多不符合主流价值观的事物,以其博眼球、娱乐性以及奇特性的特征,吸引众多受众并迅速走红,这对当代大学生的思想观念、理想信念以及行为方式都有着很大的冲击。同时,网络谣言与网络淫秽色情的传播与辐射,极易形成负面舆论热点,危害大学生身心健康。例如,2017年初不断在网络群组、微博、微信朋友圈以及视频网站上广泛传播的"塑料紫菜"的视频,谣言称紫菜是黑塑料制成,并敲诈勒索商家;一些网站出现低级庸俗内容与网络出版物等都会对大学生生理与心理健康造成不良影响,甚至有时会导致行为失范,酿成大错。

融媒体纷繁复杂的网络环境对大学生政治信仰、法制观念以及行为准则提出了更大的挑战。网络中形形色色主义、思想以及信仰的出现,打破了马克思主义政治信仰的"一元化"局面,使大学生在形成正确三观的人生重要阶段中产生了政治信仰危机,出现对共产主义信仰弱化现象,反倒对充斥在网络上新鲜、陌生又非主流的拜金主义、享乐主义、功利主义等大肆追捧,结果导致大学生政治明锐度降低、陷入信仰危机。同时,大学生对我国传统的道德认知与追求,表现冷淡漠视,对于传统的道德标准没有敬畏之心,认为不符合现在社会需求,于是大部分学生会出现以自我为中心,缺乏对崇高理想的追求,对身边事物也是一副事不关己的态度,逐渐出现道德认知与行为的极端化。此外,网络环境的虚拟性与复杂性是现实社会无法比拟的,良莠不齐的信息与利益诱惑肆意蔓延,大学生可以在这里伪装自己的身份,在网络上肆意传播自己想说的话,想做的事,一般情况下,不用承担责任与后果,这在一定程度上弱化了大学生的法律意识与社会责任感,从而出现更多的网络暴力与网络犯罪现象。这些现象的出现,不仅揭示了当代大学生法制观念存在的问题,还说明了在复杂化的网络环境中,大学生更容易进入法律的误区,也极易放纵自己的行为。因此,高校要更加重视融媒体对大学生思想政治教育创新发展的影响,大力加强网络环境的监管力度,净化大学生思想政治教育的育人环境,提升教育质量。

五、融媒体时代给网络媒介监管和治理带来新的挑战

虚拟性是融媒体时代的一个显著的特征,传统媒体模式下对教育媒介的监管相对容易,因为其传播渠道和场所相对固定。融媒体时代由于媒介传播渠道的多元化和高度虚拟化,很难准确快捷地监管到每一个学生的学习动态。比如教育客体通过微博等方式发表不当言论,甚至谣言等,由于融媒体时代传播速度较快,传播途径多元,很难快捷及时地查询和获取教育客体的真实信息。此外,融媒体时代强化了教育客体通过自主选择媒介开展自主学习的过程,但是对于教育客体是否真正通过媒介按要求参加学习及学习的效果等很难客观准确地监管,这也给融媒体时代的大学生思想政治教育的有效性带来了挑战。

某高校教务处领导 A 教师的访谈观点是:融媒体时代对于我们教务处来说,一个比较大的问题是教育教学过程的监管,以前的传统做法都是成立督导组,通过随机听课的方式来监督教师教育教学的效果。但是现在融媒体模式下,无论是虚拟化的网络课堂,还是学校积极推崇的翻转课堂等,作为监管方,我们无从下手,更难给出一个较为科学合理的评判标准。所以,这也是我们学校最近在积极的努力和商讨的一个问题。另外,传统的做法对于教师教育教学效果评价的一个重要指标是考试试卷成绩,融媒体模式下,减少闭卷考试的比重,侧重教育教学过程参与性的比重,这也给教育教学效果监管和评价带来困难。

某高校辅导员 Z 的访谈观点是:对于辅导员来说,融媒体时代在监管上的困境是融媒体带来的"娱乐化"现象,融媒体模式下的网络直播成为一个张扬个性和凸显自我的新载体,这正契合了当代大学生的新特征。他们更喜欢将个人的观点、才艺或者个性等以直播的方式来展现,但也经常出现大学生在直播中宣扬恶俗内容和发表不当言论的情况。作为辅导员来说,我确实心有余而力不足,媒介传播渠道那么多,我也很难在众多媒体平台逐个去寻找学生的直播内容,更不能及时有效地给予监管和引导,但是一旦发生问题,辅导员难辞其咎。

尽管融媒体时代给大学生思想政治教育带来的机遇和挑战并存,但是究竟是机遇大于挑战,还是挑战更强于机遇呢?当前存在一定的争议,一种观点是融媒体时代的机遇多于挑战,认为媒体融合是全球性的发展趋势,媒体融合与学校教

育的结合给大学生思想政治教育带来了创新的驱动力融媒体时代的大学生思想政治教育正在向着三个好的方向转变：高效、经济和便捷。高效是指媒体融合通过提供多元化的载体和平台使教育主体更加全能，教育客体更加积极和教育模式更加灵活。经济性是指融媒体时代通过搭建一次性大学生思想政治教育媒介平台则可实现长久有效的运作，不需要频繁的投入和更新换代。便捷性则反映了融媒体时代大学生思想政治教育获取信息和资源的便捷性，强化了教育进程中的沟通交流环节，提高了大学生思想政治教育的互动性。另一种观点则认为融媒体时代带来的挑战更多，它增强了教育客体对于媒介的依赖度，一定程度上形成了"媒介瘾病"，对教育客体的成长不利。加之当前我国对于媒介素养的培育滞后于媒体融合的速度，导致谣言、曲解和恶意编纂等情况的存在，一定程度上降低了大学生思想政治教育的严肃性。

以上两种观点争议代表了融媒体时代大众对于机遇和挑战认知和理解，本文坚持中国传统优秀文化中弘扬的"和而不同"的观点。本文认为融媒体背景下的媒体融合是一场不可逆转的历史趋势，这也是科技发展和创新的必然趋势，属于新兴事物。我们在看待新兴事物的时候，要坚持"三个是否"的标准：一是是否对当前的经济和社会发展有利。如果新兴事物的出现能够替代旧事物并有效地促进经济和社会的发展，那我们应该持欢迎的态度。二是是否被大众所接受。融媒体时代的到来以最短的时间被广大民众所接受和使用，并一定程度上给广大群众带来了好处，则我们可以认为这种新事物是好的事物。三是是否提高了效率。融媒体时代给大学生思想政治教育提供了更加丰富化的内容和更加多元化的载体，也加快了大学生思想政治教育路径的创新，形成了一种更为普遍的态势，一定程度上提升了大学生思想政治教育的有效性。

六、在拓宽知识体系的同时，削弱了高校思想政治教育话语权掌控的力度

融媒体时代，信息传播的内容呈现碎片化趋势，突破了传统思想政治教育的场域边界。这在拓宽大学生知识体系的同时可能导致信息过载、低质内容泛滥，影响主流价值观，削弱高校思想政治教育话语权掌控的力度。

一方面，随着融媒体技术的快速发展，信息传播载体和传播渠道激增，信息

裂变式增长。微博、微信、抖音等新媒体有着严格的字数限制和时间限制，可以将完整信息拆分成简洁、零散的形式，快餐式的信息充斥整个信息传播领域。当代大学生作为与互联网一同成长起来的一代，对新兴媒体的应用远超其他年龄群体。他们利用慕课、超星学习通等学习类APP获取知识；通过微博、微信、抖音和快手等APP丰富课余生活，扩大社交圈。打开各类软件随手一翻就有铺天盖地的信息映入眼帘，科技、学术、娱乐、社交等各方面一网打尽，极大拓宽了大学生的知识体系，节省了获取知识的时间，提高了学习效率。

另一方面，碎片化的信息传播导致信息过载、泥沙俱下，触动了高校思想政治教育的"防火墙"，冲击了思想政治理论主流价值观的影响力，碎片化的信息获取方式也使思想政治理论课课程体系的整体性受到影响，从而削弱了高校思想政治教育话语权掌控的力度。碎片化的传播形式使大学生越来越喜欢以最短的时间、最便捷的方式获取最有效的信息或精神愉悦，在短时间内快速浏览信息，长此以往使大学生对浅层阅读形成依赖。然而思想政治理论往往是正统规范、篇幅较长的完整文章，大学生注意力不能长时间集中，对长篇阅读出现抵抗情绪，直接导致其"享受了超级联结状态的种种好处，但碎片化、压力和注意力涣散也将如影随形"。由于时间的间断性和内容的多元化，碎片化阅读呈现出非线性化的特点。而思想政治教育要求学生具有很强的连贯思维。通过碎片化的传播，部分思想政治教育内容会被分割、重组，不能全面展示教育者想要传达的信息。而习惯于浅层接受的大学生也无法对知识进行有逻辑的推理，使得思想政治教育被分割、流于表面，削弱了高校思想政治教育对主流话语权的掌控力度。

七、"信息茧房"愈加剧烈，消解了高校思想政治教育吸引力聚焦的能力

分众化传播是指传播者根据受众需求的差异性，采取不同的传播内容、手段等，为受众提供定制化、个性化的信息与服务。2016年，习近平同志在党的新闻舆论工作座谈会上指出："要适应分众化、差异化传播趋势，加快构建舆论引导新格局。"传播载体的多样性和信息内容的海量化以及大数据等技术的发展，为分众化传播提供了可能，受众不再像之前那样被动接受信息，而是可以根据自己的喜好有选择地获取信息。正如马克思所说："我们的阐述自然要取决于阐述的

对象。"传播方式分众化使得高校思想政治教育在实施个性化教育的同时，由于过度追求受众的偏好，出现"信息茧房"，产生"回声室效应"，使高校思想政治教育与大学生之间产生"隔阂"，消解了高校思想政治教育吸引力聚焦的能力。

一方面，分众化传播具有细分性、针对性。高校思想政治教育所面对的受众是广大大学生，他们存在着不同层次的差异性和多种价值需求。分众化可以很好地根据大学生的性格、爱好、专业等选择有针对性的培养方案，尊重和引导学生的个性发展，从而提升思想政治教育的实际效果。"任何思想，如果不和客观的实际的事物相联系，如果没有客观存在的需要，如果不为人民群众所掌握，即使是最好的东西，即使是马克思列宁主义，也是不起作用的。"而利用分众传播模式，高校思想政治教育可以针对不同学生群体的实际情况，定制个性化的培养方案，运用学生熟悉的"三微一端"等载体，搭建起互融互通、立体多元的现代思想政治教育传播格局，满足不同学生群体对理论的多样化需求，调动学生学习马克思主义理论的积极性、主动性，弥补传统"填鸭式"教学方式的弊端。

另一方面，为了留住受众的目光，越来越多的新兴媒体开始利用智能算法推荐等手段，根据受众的浏览痕迹获取其信息偏好，为其定制个性化的信息资讯。大学生经常使用的今日头条、抖音等APP就是典型代表。久而久之，这种精准化的信息推送方式使大学生只接触自己感兴趣的信息，其他信息则被系统自动过滤，看似"愉悦"地徜徉在算法推荐所营造的"气泡"里，实则已经步入"信息茧房"，接收信息的范围越来越窄。"我们只听我们选择的东西和愉悦我们的东西。"

在个性化算法推荐广泛运用的今天，各大新媒体平台抓住大学生猎奇心重、追求潮流的特点，以"流量"为价值目标，通过"娱乐化"的方式博眼球，增加用户活跃度。这种缺乏理论支撑和价值引导的信息，对高校思想政治教育的"安全门"产生了一定威胁，不可避免地会导致大学生产生价值观念的偏差。算法推荐还会导致传播话语娱乐化、低俗化。这种泛娱乐化的传播方式并不适用于思想政治教育的学科特点，思想政治教育所要传达的内容也不符合大学生所偏好的形式，思想政治教育的话语传播与大学生之间产生"隔阂"，影响思想政治教育内容吸引力聚焦的能力。

八、意识形态交锋激烈，降低了高校思想政治教育权威性表达的效果

融媒体时代，移动终端不断丰富，传播渠道不断拓展，网民数量不断创新高，并从传统的垂直传播变为平行传播。受众不再局限于信息的传播过程，而是可以参与到信息的生产过程；舆论渠道不再是传统媒体的专属，而是人人都能涌入的"舆论广场"；"传播权"不再是职业新闻人的专有，而是为普通大众所共享。通过互联网，人人都可以抒发意见、表达观点，但这也会导致群体极化，使教育者的主导地位消解，"把关人"作用减弱，降低了高校思想政治教育权威性表达的效果。

一方面，传播渠道的多样化为高校思想政治教育提供了丰富的教学互动平台，使得高校思想政治教育突破时空的界限，改变以往"师问生答""口口相传"的教学模式，通过移动终端的线上交流平台以及各种学习类 APP，师生之间能够在任何时间、任何地点相互沟通，实现受众在哪里，高校思想政治教育的阵地就在哪里。利用融媒体技术，教育者可以随时分享知识，大学生也能随时查询和获取知识，并且借助网络平台，教育者能及时了解受教育者的思想和行为动态，以便及时调整教学方案。大学生也可以在线上平台发表自己的看法和意见，根据自身需要自由选择学习方式。从单向传播到双向互动，以平等的姿态融入大学生日常生活中的思想政治教育更能被大学生所接受，也更能发挥其教育效果。

另一方面，由于网络自身的虚拟性和开放性，在"人人都有麦克风"的融媒体场域，网络空间并不是一方"净土"。网络监管难度大，导致虚假信息广泛流传，大学生信息判断能力不够成熟，加之存在"信息茧房"，容易出现"群体极化"现象。"群体极化"是指团体成员一开始即有某种偏向，在商议后，人们朝偏向的方向继续移动，最后形成极端的观点。在人人皆可发声的融媒体场域，受众的主体地位被全面唤醒，公众不再专注于事件的真实性。在群体极化的推动下，公众对热点话题的理性程度被大大削弱，虚假信息被披上"真实"的外衣大肆流传。大学生在这样的网络空间，很难保持理智思维。在高校思想政治教育领域，教师的主导地位和学生的主体地位之间的平衡被打破，大学生凭借对新兴媒介运用的技术优势，在信息快速流动的互联网自由发布、评论信息。相比传统高校思想政

治教育，教师的信息主导优势减弱，单方面的灌输已经不足以消解网络带来的负面影响，高校思想政治教育的"净化器"被污浊化，思想政治教育权威性表达的效果遭到挑战。

鉴于对以上标准的分析，笔者认为融媒体时代给高校大学生思想政治教育带来了新的变化和创新，对大学生思想政治教育发展是有利的。至于其带来的挑战，我们可以认为，任何新事物的出现都会给旧事物带来挑战，也会给习惯于旧事物的大众带来一定的挑战，这是必然的规律。但是针对挑战我们不能持有排斥的态度，而是应该正面挑战和解决挑战，使得挑战转变为新的机遇，这或许是我们对于融媒体时代高校大学生思想政治教育应该持有的正确的观点。

第四章　融媒体时代大学生思想政治教育工作的新思考

习近平同志强调："要运用新媒体新技术使工作活起来，推动思想政治工作传统优势同信息技术高度融合，增强时代感和吸引力。"因此，如何在融媒体时代，利用好媒介技术推进思想政治教育工作，实现大学生思想政治教育的创新发展，是高校大学生思想政治工作面临的新难题。从目前来看，融媒体在大学生思想政治教育创新发展工作中的应用虽然呈现发展的态势，但鉴于融媒体与大学生思想政治教育的融合仍处于探索阶段，大学生思想政治教育创新发展仍存在许多制约因素。因此高校要紧紧围绕"以师生为中心"这一理念和"以立德树人"这一根本任务，厘清思路，明确目标，提升教育主客体的媒介素养，创新大学生思想政治教育载体，优化思想政治教育的内容、改变思政教育的方法手段、健全思想政治教育工作机制，进而不断推动融媒体时代大学生思想政治教育创新发展，解决"培养什么人，怎样培养人以及为谁培养人"的根本问题。

第一节　大学生思政教育内容形式的丰富

恩格斯说："一个民族要想站在科学的最高峰，就一刻也不能没有理论思维。"大学生思想政治教育内容是高校思想政治教育用深刻的理论教育人、说服人、感化人的重要法宝。高校思想政治教育的内容是一个动态的、发展的系统，而不是静止不变的固定模式。随着中国特色社会主义进入新时代，高校思想政治教育内容也被赋予新的内涵与意义。在融媒体时代，随着信息技术、媒介形态的迅猛发展，意识形态领域发展呈复杂化态势，各类非主流信息对高校思想政治教育内容形成巨大冲击，使高校思想政治教育工作变得更加的烦琐、复杂。习近平同志强调："宣传思想阵地，我们不去占领，人家就会去占领。"因此，高校思想政治教育内容的创新直接关系到高校大学生的意识形态问题，影响其正确价值观的培养。习近平同志还强调："人才培养一定是育人和育才相统一的过程，而育人是本。人无德不立，育人的根本在于立德。这是人才培养的辩证法。办学就要尊重这个规律，否则就办不好学。要把立德树人的成效作为检验学校一切工作的根本标准，真正做到以文化人、以德育人，不断提高学生思想水平、政治觉悟、道德品质、文化素养，做到明大德、守公德、严私德。要把立德树人内化到大学建设和管理各领域、各方面、各环节，做到以树人为核心，以立德为根本。"基于此，高校思想政治教育内容的创新要以习近平同志关于高校人才培育的重要阐述为依据，提升大学生思想、道德、文化、法治等方面的素养，增强大学生的综合素养，培育担当民族复兴大任的社会主义接班人与建设者。

一、突出社会主义核心价值观内容

社会主义核心价值观内容是高校思想政治教育内容最重要的组成部分，也是最核心的主导性内容，习近平同志强调："我们提出的社会主义核心价值观，把涉及国家、社会、公民的价值要求融为一体，既体现了社会主义本质要求，继承了中华优秀传统文化，也吸收了世界文明有益成果，体现了时代精神。"这一伟大阐述既体现了社会主义核心价值观与实践发展的高度结合，又体现了对传统优秀文化与世界文明成果的继承与借鉴，将社会主义核心价值观的深刻内涵与理论意义进行了全方位的阐述。社会主义核心价值观的建构与发展是随着时代的发展而不断丰富与完善的，直到党的十八大将社会主义核心价值观凝练为"富强、民主、文明、和谐、自由、平等、公正、法治、爱国、敬业、诚信、友善"这24个字，全面深刻地反映了中华人民在祖国伟大的发展进程中对优秀传统文化的继承与弘扬，对美好生活的追求与向往、对社会价值的诉求与想法。同时，社会主义核心价值观不仅从政治、经济、文化、社会、生态等方面诠释了它的内涵与价值，也分别从国家、社会、公民三个层面阐释了其重要的价值与要求，值得注意的是，它们不是机械的一一对应、固定的关系,而是一个有机的、相互融合、彼此支撑的辩证统一关系。因此,在高校思想政治教育内容创新过程中,不可以将其割裂开来,要正确地引导并论述它们的内涵与彼此之间的逻辑,帮助大学生树立正确的价值观、促进大学生全面成长成才。

在融媒体时代促进高校思想政治教育内容的创新发展,就必须积极培育和践行社会主义核心价值观,努力寻找融媒体与社会主义核心价值观之间的耦合点,将社会主义核心价值观贯穿于高校思想政治教育的全过程中,使大学生在将社会主义核心价值观内化于心的同时,也做到外化于行,在实践中不断巩固与发展。例如,可以利用融媒体技术与特点,将社会主义核心价值观通过各类校园网站、公众号、微博进行线上发布与推送,或者也可以通过传统理论课堂、线下传统校园媒体进行讲述与发布。在校报、校刊以及校园广播上进行社会主义核心价值观教育,这样既可以扩大社会主义核心价值观的学习与传播范围,也可以满足大学生个性化、多层次的需求。同时,这种多元化的思想政治教育活动,使社会主义核心价值观更加的具象化、生动化、灵活化,不仅提升了自身吸引力,还可以潜移默化地影响大学生的正确价值观念与思想道德的形成,成为大学生生活与学习的重要动力与精神食粮。

二、强化以理想信念为核心的内容

理想信念教育是高校思想政治教育的核心内容,也是组成思想政治教育内容创新的重要部分。习近平同志认为理想信念是青年一代的精神之"钙",如果青年在成长成才的过程中,缺了精神之"钙",就缺了指引人生方向的"指南针""风向标",就会容易迷失人生的方向。因此,理想信念教育是引导青年找到正确的人生方向的关键因素,也是青年牢固树立正确、远大的理想信念,实现伟大"中国梦"的重要前提。理想信念反映着大学生的主流价值观,体现着大学生的政治信仰,表达着大学生的思想道德素养与文化素养,是高校思想政治教育的重要内容。因此高校思想政治教育内容的创新,离不开对理想信念的学习。

首先,思政教育内容的创新可促进马克思主义基础理论与理想信念教育相结合。马克思主义科学化、创新性的理论体系是大学生树立正确理想信念的基础与前提。新时代中国特色社会主义的理想信念就是以马克思主义理论为基础,继承并创新发展而来的。因此,高校思想政治教育要不断加强对马克思主义理论基础的巩固与学习,并在此基础上探索新时代中国特色社会主义的发展历史脉络与客观规律,了解并把握新时代中国特色社会主义的发展特点与时代价值。只有将理论与理想充分结合起来,将马克思主义理论与中国特色社会主义的伟大实践相结合,我们才能用科学的、发展的眼光理解新时代中国特色的理想信念,并自觉、主动地树立正确的理想信念。同时,积极投身社会主义实践,并在实践中进一步理解、巩固马克思主义理论基础,进而坚定理想信念,为实现中华民族伟大复兴提供强大的精神源泉。因此,高校思想政治教育要强化马克思主义理论的学习与宣传,实现理论与信念的统一,在理论中坚定信念,在信念中强化理论,相互支撑、彼此推动,相辅相成。

其次,思政教育内容的创新可促进社会理想与个人理想相结合。大学生理想信念教育,有利于引导大学生更好地处理个人与社会、与国家的关系。因此,要加强大学生理想信念教育,就要不断引导大学生将个人理想与社会理想相统一、相结合。在社会理想中不断实现个人理想,在个人理想中又要重视社会理想的实现。引导大学生将中国特色社会主义共同理想,"中国梦"的实现积极主动地融入到个人理想的实践过程中来,树立集体意识,增强自身的社会责任感与民族自豪感,在个人理想的实践过程中,不断坚定中国特色社会主义的道路自信、理论自信、制度自信与文化自信,增强自身的使命感。在社会主义实践中,不断强化大学生对马克思主义科学性、真理性特征的理解,并不断探索中华民族的伟大复兴之路的价值与意义,将个人理想与社会理想有效结合。个人理想的实现受到社会理想的决定与制约,社会理想的实现是个人理想实现的条件,个人理想又集中体现着社会理想,二者是辩证统一的,不能孤立存在的。因此,在理想信念教育中,要将二者辩证地结合起来,既要重视社会理想的实现,又要兼顾个人理想的实现。只有将二者有效地联系起来,结合起来。个人理想才会实现,社会理想才能加快实现的步伐。个人理想只有与社会的利益与需求相结合,与集体利益、整体利益相一致时,才可能实现。社会理想是由众多的个人、社会成员共同构建的,努力奋斗才能实现的。

最后，思政教育内容的创新可强化爱国主义教育与共产主义理想教育。通过对爱国主义教育的不断强化，坚定大学生的共产主义信仰。在爱国主义教育中，要加强党史、国史、改革开放史以及社会主义发展史的教育，习近平同志在十九大报告中特别强调，人们要树立正确的历史观、民族观，青年要加强用历史的眼光学习思想政治教育内容，了解我们党和国家发展的来龙去脉，提高对党和国家的热情，同时加强青年的政治认同感与民族认同感，强化大学生的爱国主义教育，坚定中国特色社会主义道路，弘扬中华民族的优良传统，促进民族团结，维护社会的稳定，提升爱国主义的热情，让更多的大学生将爱国主义与共产主义理想信念统一起来，增强家国情怀，坚定社会主义道路的理想信念，并积极引导他们自觉地投身于中国特色社会主义的伟大实践，将自己深厚的爱国情感外化于行，投身到实现社会主义伟大复兴的实践当中，为"中国梦"的实现贡献自己的智慧与力量。

三、提升以文化教育为中心的内容

文化教育是习近平新时代青年思想政治教育内容的重要构成部分，也是创新高校思想政治教育内容的一大亮点。高校思想政治教育内容的创新是在高校立德树人根本任务的基础上展开的，因此，高校要以文化人、以文育人，提升大学生的文化素养，满足大学生的精神需求，重视优秀文化对高校大学生道德、思想及价值观潜移默化的影响，使中华优秀传统文化与现代文明厚植于青年大学生的内心当中。

一是加强优秀传统文化教育，推动文化自信与文化自觉。习近平同志在党的十九大报告中强调："文化是一个国家、一个民族的灵魂。文化兴国兴运，文化强民强族。"在这一重要论述中，习近平同志将文化比喻为国家、民族的灵魂，将文化与一个国家的发展、一个民族的命运连接起来，将文化的地位与作用提升到了国家、民族层面，将文化上升到一个理论高度。因此，要加强中华传统优秀文化的继承与弘扬，提高中华传统优秀文化在高校思想政治教育内容中的比重，并以多元化的方式、手段将其进行传播与弘扬，提升大学生对传统优秀文化重要性的认识，增加他们对优秀文化的民族认同感与文化自信性。

二是也要加强革命文化与精神的学习与教育。中国特色社会主义的繁荣发展与先辈光荣的革命斗争、伟大的革命事迹是分不开的,"革命传统教育要从娃娃抓起,既注重知识灌输,又加强情感培育,使红色基因渗进血液、浸入心扉。"革命文化教育是革命精神最有效的表达形式,革命精神是革命文化的内核。大学生通过对红色革命文化知识的学习,提升自身的革命情感,学习革命精神、弘扬革命文化,同时在这个学习与感悟的过程中,更加坚定自己的理想信念、树立远大的志向与抱负,为实现中华民族的伟大复兴时刻准备着。

三是加强对习近平新时代文化思想的认识与学习。习近平新时代文化是在继承中发展,发展中创新的伟大成果,它是以马克思主义文化理论成果为前提和基础,积极探索中华文化的发展规律与前进方向,实事求是地进行中国特色社会主义文化选择与建设。同时,它又结合了新时代人们精神文化的发展诉求与现实需要,在社会实践中不断转变文化理念,践行社会主义核心价值观并丰富各类文化产品,满足大众多样化的需求。因此,加强对习近平新时代文化思想的学习,实际上也是坚持中国的先进文化的前进方向,对建设社会主义的文化现代化强国有着重大意义。

四、夯实以道德与法治为基础的内容

立德树人是高校思想政治教育的出发点与立足点,习近平同志强调,"一个人只有明大德、守公德、严私德,其才方能用得其所。"因此,高校要坚持以人为本,德育为先,培育大学生高尚的道德情操,树立正确的道德认知,提升道德判断力与践行力。同时习近平同志进一步强调,"法律是准绳,任何时候都必须遵循;道德是基石,任何时候都不可忽视。"该论述将道德与法律之间的关系做了明确的界定,二者虽然是社会规范的两种不同的表达形式,但却是相互融合、相互支撑、相辅相成的关系。甚至在社会发展到特殊的阶段时,道德与法律的价值取向与精神内核趋于相同,道德与法律的基本内容与原则在部分国家也存在趋于统一的现象。因此,高校思想政治教育的道德与法治建设是提升大学生道德素养、增强法律意识的重要保障。只有将二者有机融合,辩证地看待二者之间的关系,才能把握二者的核心要领,提升大学生的综合素养与能力,才能培育出担当民族复兴大任的时代新人。

高校思想政治教育内容的创新是着眼于中国特色社会主义发展的新要求、新目标展开的，高校思想道德与法治内容的建设与创新必须结合新时代中国特色社会主义发展的历史方位与时代要求，进而顺利、高效地完成新时代育人的使命，因此高校思想政治教育内容既要加强道德与法律内容体系的优化与建设，又要兼顾二者相辅相成的关系。

首先，高校要不断创新思想道德内容，加强道德规范的教育。一是高校要以传统优秀文化为依托，丰富与创新思想道德内容。习近平同志在关于加强思想道德建设的系列讲话中曾多次提到思想政治教育内容的建设要在中国传统优秀文化中寻根，"没有文明的继承和发展，没有文化的弘扬和繁荣，就没有中国梦的实现"。

因此，高校思想道德内容的创新需要弘扬与发展中国的传统优秀文化，坚持继承与创新相统一，借鉴传统文化中的优秀成果，无论是儒家的"仁爱""修身""仁、义、礼、智、信"文化，还是提倡"兼爱""非攻"尊重自然发展规律，人与人之间和谐相处的墨家文化都是中国传统优秀文化的体现，都表达了中国传统优秀文化中的伟大智慧。二是高校要强化社会公德、家庭道德、个人品德的教育。社会公德是每一位公民都应该遵循的重要的道德准则，它是维护社会纪律、维护社会稳定发展、促进国家长治久安的重要力量；同时也是规范大学生行为举止、培育大学生的集体意识与责任担当的重要手段；家庭道德教育是影响个人道德形成的重要因素，并在潜移默化中影响个人的思想行为，因此，只有不断促进良好家风的传承与教育，形成良好的家庭道德，才能不断提升大学生思想品德；个人品德主要强调一个人为人处事的原则以及内在修养与外在行为的综合素养。大学生要将道德融入日常生活与行为实践当中去，真正实现内化于心、外化于行。

其次，高校要加强法律素养教育，提高大学生的法律意识。在党的十九大报告中有19次提到依法治国、34次提到法治。充分说明了法律和依法治国的重要性。因此，除了国家层面制定的法律法规外，公民个人的法律意识、法律观念与思维也是至关重要的。高校在创新思想政治教育内容时，要充分结合大学生法律素养的现实情况与新时代"依法治国"理念的新要求，加强大学生的法律意识、法制观念，提高运用法律维权的能力。一是发挥课堂教学主渠道，将法律知识、法治理念贯穿到整个思想政治教育的过程当中，并及时融入一些典型的案例，帮助大学生深入理解法律知识，同时，也要在课堂教学过程加强媒介手段的应用，以扩大法律知识的普及范围，增加吸引力与影响力。二是崇德明法，将道德教育与法治教育相结合。一方面加强道德教育引导，另一方面强化法律约束，将道德规范与法治理念渗透到思想政治教育过程中，在论德释法的过程中不断引导大学生依法行使权利、依法履行义务。三是加强教师队伍的法律素养。高校思想道德修养与法律基础课的教师，是提升学生法律素养与思想道德的关键。因此，高校要加强对思想道德修养与法律基础课教师法律知识的培训，不断提升教师的专业知识素养；健全教师培养与学习管理机制，制定严格的法律教师准入机制，提升教师队伍的专业性，提高高校道德与法律教育的针对性与有效性。

第二节 大学生思政教育方法手段的创新

一、打造融媒体思政教育新平台，保障大学生思政教育质量

推动媒体融合发展、建设融媒体格局已经成为新时代不可逆转的趋势，高校思想政治教育要因势而谋，顺势而为，搭上融媒体发展的"顺风车"，科学利用网络媒介把融媒体打造成思想政治教育的新平台、舆论引导的新阵地，建设有高度、有深度、有温度的高校大学生思想政治教育平台，切实保障高校思想政治教育的质量。

（一）坚守思想为本、内容为王的原则

思想是行动的指南，只有以正确的思想为根本，才能确保方向的正确性。高校思想政治教育要回答"培养什么人、怎样培养人、为谁培养人"的根本问题，就必须坚持思想为本，打造高校思想政治教育的"灵魂"。高校思想政治教育要以马克思主义思想为指导，这是在任何时候都必须坚持的原则。科学的思想一旦被人民群众掌握，就会产生强大的力量。高校要培育合格的中国特色社会主义建

设者和接班人，实现中华民族伟大复兴的中国梦，必须引导大学生真学、真懂、真用这一科学的思想体系。面对融媒体环境下复杂的网络舆论氛围，高校思想政治教育更要以正确的思想为指导，为大学生在混沌的舆论场点亮一盏指路明灯。大学生只有提高了思想高度，才能透过现象看到事物的本质和发展规律，才能避免不良思潮的诱导和侵蚀。

形式服务内容，万变不离其宗。近年来，为了提升高校思想政治教育的质量，相关部门和各大高校都努力在教学模式、教学手段和教学方法上进行了许多具有创新性的探索，然而其最终目的都是为了服务教学内容。"言之无文，行而不远"，再新颖的形式、再别致的载体，若脱离了好的内容，也会造成"审美疲劳"。融媒体时代，虽然利用新兴网络平台进行思想政治教育固然重要，但是也不能"顾此失彼"，只注重在网页、微博、微信等平台上做文章，忽视了对思想政治教育内容的挖掘和研究。新媒体平台只能作为一种技术支撑，单纯依靠技术并不能让高校思想政治教育"圈粉"，要想真正发挥高校思想政治教育的影响力，必须坚持内容为王，好的内容自带"流量"。

（二）坚守科学灌输、德育渗透的原则

列宁曾指出："工人本来也不可能有社会民主主义的意识，这种意识只能从外面灌输进去，各国的历史都证明：工人阶级单靠自己本身的力量，只能形成工联主义的意识。"

灌输论作为马克思主义理论教育的重要原理，对高校思想政治教育有着举足轻重的作用。当下，灌输论面临着被"污名化"的境遇，然而实际上，马克思主义话语体系中的"灌输"是以科学理论为指导，以人的自由而全面的发展为结果的理论教育活动，这与西方所指的强硬灌输是有本质区别的。在融媒体时代，高校思想政治教育要坚持灌输论的基本原则，并以此为基础在灌输的内容、形式、载体上赋予其新的时代内涵，改变传统"我说你记"的灌输模式，做到科学灌输。思想政治教育从根本上说是做人的工作，因此在实行灌输的时候一定要注重人文关怀，充分考虑学生的实际需求，在平等参与的基础上，利用融媒体技术开展在线讨论、线上课程等，积极探索新时代科学灌输的新方法。

德育渗透其实也是一种柔性的灌输。德育是高校思想政治教育的重要环节，它不仅关系到整个社会的全局性需要，也关系到大学生自身成长成才的内在需要。德育渗透是一个综合化的过程，首先，要让大学生明理，掌握正确的道德原则和理论修养。其次，要让大学生力行，这是德育渗透的最终目标，让大学生做到言行一致，用正确的道德品质指导道德实践。要实现这一目标，高校思想政治教育，一是要坚持在教育过程中挖掘德育资源，根据学科实际将教学内容与德育因素有机结合，并且借助教师"讲台形象"，对学生进行引导和示范，以教师自身的学识和修养，对学生进行潜移默化的影响。二是要利用融媒体技术，形成线上线下全方位的德育环境，建立线上"云"德育，拓展课程资源，通过微信、QQ以及其他软件推送德育课程，开展德育微专题。例如，在此次新冠肺炎疫情中，部分学校探索出"空中德育课堂"，开展"线上升旗""线上班会"等活动，开启特殊时期"云德育"新模式。除自主开发新的线上德育形式外，高校还可以积极参与各大主流媒体发起的线上德育活动，进行德育渗透。例如，2019年光明网联合酷我音乐推出的"我和我的祖国——新时代 新青年"短视频活动，吸引了广大学子以青春之我讲述与祖国的故事，激发了大学生的爱国热情。

（三）坚守立体传播、网络育人的原则

融媒体时代，媒体融合是大势所趋，高校思想政治教育积极拓展新媒体阵地，争夺新媒体场域话语权是提高高校思想政治教育实效性的必然选择。高校要在继续坚持报纸、电视、广播、海报等传统手段的基础上，以融媒体中心为载体，创新运用数字化、信息化、网络化技术，推动高校思想政治教育资源融合，构建"课堂＋媒体"模式，利用微视频、H5、AR、VR等多种新媒体手段，搭建立体式传播格局。

在利用新媒体技术进行思想政治教育实践时，不能只追求形式，不是将老课件上传到网站就算进行了新媒体宣传，而是要改变过去缺乏参与性、互动性的模式，在大学生常用的新媒体平台上对热点事件、热门话题进行理性引导。充分发挥各类新媒体的传播特色，加强与校外媒体的横向联系，对接各部门、各地区、各高校将资源尽可能汇集到统一的线上云平台，建立校内互动、校外联动机制，

壮大高校思想政治教育在新媒体领域的阵地，形成现实思想政治教育与虚拟思想政治教育的有机融合。开发校园信息线上服务平台，满足大学生实际需求，打造优质思想政治教育文化产品，实现高校思想政治教育立体传播大格局。

2017年，教育部发布《高校思想政治工作质量提升工程实施纲要》，将网络育人作为"十大育人"体系的重要组成部分，提升了网络育人的重要地位。近年来，我国高校网络育人工作取得了显著成效，然而也依然存在一些突出问题。高校网络育人队伍综合素质有待提高，部分教师只注重日常正面的舆论宣传，处理突发公共舆论事件的能力不足，对热点事件的把握不敏感，往往错过了网络育人的时效性。部分教师只是单纯为了贴近学生，在一些新兴媒体上发布的信息过于注重娱乐性，而忽视了学理性、政治性，无法真正发挥网络育人的影响力。因此，当前高校思想政治教育迫切需要建立一支网络育人队伍。高校各级党委决策层要加大对网络育人的支持力度，从队伍、体制、经费等方面提供坚强保障。深入探究网络育人规律，对教师进行培训，提高其运用新媒体的能力。各级教师要坚定政治立场，敢于发声，善于发声，突出模范带头作用，唱响舆论宣传"最强音"。选出一批综合素质过硬的学生干部，使其担当起网络育人队伍的有益补充，发挥同辈群体的示范作用。总之，高校要牢牢把握网络这一立德树人的重要阵地，构建全员、全程、全方位的网络育人模式，让思想政治教育"活起来""火起来"。

（四）坚守理论引领、润物无声的原则

高校思想政治理论课与基础教育阶段的思想品德课和思想政治课最大的区别就在于突出理论二字。科学的理论是正确行动的先导，也是统一思想、凝聚共识的基础。习近平同志在十九届中央纪委四次全会上明确指出："坚持以科学理论引领全党理想信念。"

在五四青年节寄语新时代青年时，习近平同志也强调："新时代中国青年要继续坚持和发扬五四精神，坚定理想信念，站稳人民立场，练就过硬本领，投身强国伟业。"而中国青年的理想信念就来源于马克思主义理论。高校坚持以科学的理论引领大学生的理想信念，是培育新时代青年的必然要求。首先，高校要坚持对大学生进行马克思主义经典理论的培育。马克思主义理论是一个涵盖了政治、

经济、文化、军事等的科学理论体系，大学生学习马克思主义经典，有助于提升逻辑思维能力，树立正确的价值观念和道德理念。其次，高校要加强大学生对当代中国马克思主义、21世纪马克思主义理论的学习，坚持以习近平新时代中国特色社会主义思想铸魂育人。只有让真理武装大学生的头脑、指引大学生的理想，他们才能在融媒体环境下始终保持统一的思想，补足精神之"钙"，练就"百毒不侵"的坚强意志。

除了贯彻理论引领这一显性教育外，润物无声式的隐性教育也是不可忽视的环节。高校思想政治教育要凝心聚力，各显神通，搭建"三全育人"的良好氛围。既要有"惊涛拍岸"的声势，也要有"润物无声"的温度。提倡高校进行"润物无声"式的隐性教育并不是指要开设一门新的课程，而是要将思想政治教育融入到学校的教育教学和学生生活的各个环节。融媒体的迅速发展，大大提高了隐性教育的覆盖面，通过间接性、灵活性的网络议程设置的方式，利用一定的载体和环境气氛的烘托，让大学生熟悉的融媒体在不同领域、不同主题、不同渠道上巧妙地提供信息和安排议题，用贴近学生的、诙谐幽默的话语吸引受教育者的注意，真正达到"随风潜入夜，润物细无声"，从而占据网络舆论阵地主导地位。通过这种潜移默化的渗透，使大学生牢固树立"四个意识"，坚定"四个自信"，做到"两个维护"。

（五）坚守立足学生、精准定制的原则

习近平同志在全国高校思想政治工作会议上指出："思想政治工作从根本上说是做人的工作，必须围绕学生、关照学生、服务学生。"高校思想政治教育要贴人心、接地气，在关心人、帮助人中教育人、引导人。高校在进行思想政治教育时要充分尊重学生的主体地位。马克思一直强调"人始终是主体"，只有充分发挥大学生的主体性和能动性，真正从思想上引起学生共鸣，才能使学生从心理上接纳思想政治教育，做到"内化于心、外化于行"，提高思想政治教育的实效性。在多元价值文化环境下成长的新一代大学生，主体意识不断强化，传统思想政治教育的僵硬灌输、制度约束等限制学生独立意识的说教已经不能满足学生的主体性诉求。高校要创新教育手段和方法，教师要做到因事而化、因时而进、因势而

新。在教学内容的选择和教学方法的制定上，既要遵循思想政治工作规律，又要遵循学生成长规律，体现受教育者主体地位。

融媒体技术日新月异，为高校思想政治教育立足学生、实施精准教学方案提供了技术支持。"对大量教学案例的数据分析将取代教学经验成为教师教学决策的重要支撑，而对自身学习过程的数据分析则将成为学生决定自己未来发展方向的重要依据。"

当前，基于算法推荐的个性化推荐服务已广泛应用到商业资讯、新闻娱乐、社交网络等各个领域，虽然带来了一些负面影响，但是高校可以取其精华，去其糟粕，利用个性化推荐技术打造个性化思想政治教育。首先，可以通过大数据技术对教学数据进行分析，以便有针对性地解决教学过程中出现的问题。智能化的课堂、线上网络课程的普及以及信息化教学软件的应用，使得采集大学生的学习数据成为可能。通过分析学生的课堂参与度、话题讨论度、答题正确率、教学自评与互评环节等，可以及时分析出课堂在某些方面可能存在的不足以及学生对知识的掌握程度，以便"对症下药"。其次，除了对已经存在的行为进行分析外，还可以利用大数据技术分析学生的态度倾向，对未发生的事情进行精准预测，以便高校实施舆情监控、课程设置。利用数据样本动态性特征，及时监测数据变动趋势，搜集学生思想和行为维度的数据，并且进行同类聚合，不仅便于教育者进行因材施教、"量体裁衣"，而且可以抓住苗头性、突发性问题，积极应对，主动作为。需要注意的是，在利用融媒体进行精准化、个性化思想政治教育时，要把握界限，制定严格的管理制度，不可侵犯学生隐私，同时也要注意规避"信息茧房"的负面效应。

二、体系转换提升大学生思政教育效果

2020年4月，教育部等八部门发布的《关于加快构建高校思想政治工作体系的意见》详细规划了包括理论武装体系、学科教学体系、日常教育体系、管理服务体系、安全稳定体系、队伍建设体系、评估督导体系等在内的七个子体系。该意见表明，高校应该与时俱进对思想政治教育工作进行整体布局，只有科学的学科体系、完善的教材体系、合理的课程体系、亲和的话语体系，才能始终保持高

校思想政治教育的吸引力、感染力、说服力，提高高校思想政治教育的效果。

(一) 学科体系向科学化、精细化转换

融媒体时代，在社会信息化语境下高校思想政治教育正面临严峻挑战。传统的高校思想政治教育一度存在泛政治化的现象，方法单一、内容枯燥。随着新媒体的不断发展，大学生可以快速且便捷地接触到各种信息，这在一定程度上使传统思想政治教育效果"大打折扣"，而且可以预见的是融媒体将在相当长的一段时间内持续影响大学生的日常生活。如果高校思想政治教育继续"安于现状"，那么必将开始走下坡路。因此，从整体看，高校思想政治教育还需要继续在科学化、精细化上下功夫。

思想政治教育作为马克思主义理论一级学科下的二级学科，学科的建设思路、方针和未来规划，都要在马克思主义理论的科学指导下进行。网络思想政治教育作为思想政治教育的一种新常态，不是网络与思想政治教育的简单相加，而是深度融合。要强化学科协同效应，既要在网络思维下指导思想政治教育，又要用思想政治教育培育互联网的价值引导功能。这就需要教育者既掌握马克思主义基本原理、思想政治教育基本原则和方法，又具有互联网思维和基本的网络技能。在这种交叉学科的支撑下，科学推动融媒体时代网络思想政治教育的深入研究。

随着融媒体的继续发展，网络思想政治教育会表现出更多的特殊性，单纯将网络思想政治教育作为一个研究领域将会越来越不能满足深入研究的需求。虽然当前网络思想政治教育距离作为一门独立的学科还有一定距离，但是经过二十余年的发展，网络思想政治教育已经积累了一些学科成立初期的基本要求。今后一段时间，网络思想政治教育要以学科思维为指导，将研究实践问题与理论问题并举，加强网络思想政治教育基本范畴、基本矛盾和特殊规律的研究，建构网络思想政治教育的原生性话语，整体推进网络思想政治教育的发展。

(二) 教材体系向开放化、现代化转换

融媒体时代，信息技术的迅速发展使得知识的获取、共享变得更加便捷，教材不再是知识的唯一来源。高校思想政治教育要更加重视利用现代教育资源促进教材体系的优化，在坚持教材体系科学性、教育性的基础上向开放化、现代化转换。

　　思想政治教材不能局限于理论领域，也不能过于强调政治性，要把握适度原则，否则将会引起学生的反感情绪。高校要善于从大学生的日常生活中发掘思想政治教育元素，不拘泥于书本教材，要选取生活实践引入教材。一方面，高校可以发掘当地的优秀传统文化资源或红色资源，将其与思想政治教育结合起来。当前，高校普遍使用的思想政治教材都是由国家统一编写，缺乏地方特色文化的融入。将地方优秀思想政治教育元素融入思想政治教材，不仅能丰富思想政治教育内容，也能激发学生学习地方文化的兴趣，发挥传统文化和红色文化的价值。另一方面，高校还应该将日常生活中的重大热点问题融入思想政治课的教材。例如，此次新冠肺炎疫情就是一个生动的思想政治教育教材。疫情中体现的中国共产党的坚强领导、中国特色社会主义制度的优势、中国力量和中国速度的奇迹、中国人民的团结一致、医护人员的舍生忘死等，都为大学生的爱国主义教育、生命健康教育、感恩教育等提供了思想政治教育"活教材"。

　　"教材体系从根本上讲是一个重大理论和方向问题，教学体系是把教材体系所贯穿的主要观点、内容如何转化成学生的知信问题。"融媒体为思想政治教育提供了丰富的教育资源，高校思想政治教育要积极引入一切有价值的资源对学生进行教育。首先，在教学过程中可以将相关内容以网络短视频等形式呈现，激发学生的学习兴趣。例如，在基础课课堂上，可以让学生观看习近平同志在党的十九大报告中关于加强公民思想道德建设的讲话内容，也可以播放感动中国人物的故事或抗疫中平凡人物的伟大壮举等，以此来促进学生对知识的理解和掌握，自觉践行社会主义核心价值观；在概论课课堂上，可以利用H5、VR等技术打造红色资源互动体验项目，提供沉浸式教学。其次，可以将网络热点问题引入教材，解决当前高校思想政治教材内容的滞后性问题。大学生思维活跃、求知欲强，对网络热点问题大都抱有积极参与的态度，而网络热点问题也具有关注率高、影响范围大的特点。将网络热点问题引入思想政治教育教材，能够迎合大学生的"口味"，增强思想政治教育的时代感、鲜活性。在选择网络教育资源时，要符合社会主义核心价值观，紧扣思想政治教育的课程目标，引导学生辩证分析网络热点，融合教学内容、深入解读热点事件背后的本质，营造健康的网络舆论场。

（三）课程体系向立体化、协同化转换

近年来，全国各高校如火如荼地进行"课程思政"建设，构建以思想政治理论课为核心、专业课程为辐射的思想政治教育课程体系，取得了一系列新成果。融媒体时代，利用网络思想政治教育平台推动思想政治教育课程体系建设是打通全员、全程、全方位育人"最后一公里"的关键所在。高校要从育人阵地、育人结构等方面打造顶层谋划、媒体矩阵、全校协同的立体化、协同化思想政治教育课程体系。

第一，大学生是融媒体场域的重要参与者，高校要充分利用微博、微信、微站、微视频、微直播这"五微平台"融合线下课堂，打造全方位、多层次、立体化的课程体系。一方面，教育者可以在大学生熟悉的新媒体平台"跨越时空"便捷沟通，通过开通校园官方微博、微信公众号、专题直播课、易班平台等，实现课程评价、任务发布、师生互动、网络考试等。另一方面，网络丰富的课程资源是学生学习知识、拓宽视野的重要渠道。正确理解网络课程平台的作用和功能是实现网络育人的关键。高校要整合优质教学资源，将现有的优秀思想政治教育课进驻网络平台，并利用线上公开网络课程资源，引入"双一流"高校的精品课程，达到网络课程资源利用的最大化。还可以邀请名师线上直播教学或进行网络互动，实现线上线下、课堂内外协调联动的课程体系。需要注意的是，不论是利用新媒体进行线上互动还是利用网络课程进行教学，网络平台使用不当反而会适得其反。这就需要教育者做好"把关人"，坚持对线上线下的课程内容进行专项审查。

第二，网络平台具有包容性和延展性的特点，可以容纳近乎无限的各类课程进入。高校要以网络为载体、以课程思政为指引，以"三全育人"为宗旨，充分发掘各类课程所固有的德育因素及思想政治教育资源并予以整合开发，改变传统的思想政治教育与专业课教学"两张皮"的现象，营造"大思政"格局。高校要高度重视哲学社会科学课程的思想政治教育功能，发挥此类课程在思想引领、人文关怀、价值塑造上的独特作用。高校要充分认识自然科学课程蕴含的思想政治教育资源，在教学过程中结合不同教学主题，以合适的手段为学生传递科学精神与理性意识的价值指向，实现由"技"进"道"，知识传播与价值引领协同并举。

高校党委要发挥提纲挈领的作用,"对学校工作实行全面领导,承担管党治党、办学治校主体责任,把方向、管大局、作决策、保落实"。坚持顶层设计、统筹规划、协调各方,把"课程思政"的网络平台建设提高到学校思想政治教育的重要地位,加强学校各部门之间的协调运行,推动一线教师、行政人员、学生工作者各司其职,开发各种网络思政课程,建立健全课程思政资源数据库,实现协同育人的良好局面。

(四)话语体系向多样化、生活化转换

马克思指出:"通过生产而发展和改造着自身,造成新的力量和新的观念,造成新的交往方式、新的需要和新的语言。"作为"衔着鼠标长大"的一代,当代大学生深受网络文化的影响,他们思维活跃、个性鲜明,足不出户就可以通过网络浏览海量信息、开阔眼界。传统的生硬化、程式化的思想政治话语体系,难以使教学内容入脑、入心,话语隔阂也使得教育者和受教育者之间难以形成全面、彻底的互动。因此,高校思想政治教育在坚持政治性和学理性的基础上重塑教学话语,已经成为当前迫切需要解决的问题。

首先,要注重创新,增强教学话语的生命力。话语体系不是狭义地指教师在课堂教学中使用的口语,还应包括书面语言、视频图像等多种话语形式,这些多模态的教学话语构成了传递教学信息的有效载体。在教学过程中,教师不仅要运用口语将理论知识形象地讲述出来,还要搭配融媒体技术利用视频、音频、动画、图片等多样化的教学话语,刺激学生的感官,开放学生的思维,甚至还要借助语气语调、肢体动作、表演艺术等辅助手段,通过声音的起伏、情绪的波动、动作的变化等将信息更好地传递给学生。这样不仅可以激发学生的学习兴趣,提高课堂的抬头率,而且可以实现从"抽象话语"到"形象话语"的转变,加深学生对所讲知识的记忆。教师要鼓励大学生通过融媒体积极、合理地参与话题讨论,表达教育需求。教师也要经常与大学生进行网络互动,了解大学生的真实想法和其关注的热点问题,不回避社会热点,直面问题,用马克思主义的立场、观点、方法引导大学生在价值冲突中学会判断。教师要熟悉当下流行的网络文化和网络话语,密切关注网络舆情的走向,时刻为创新话语形式、提升话语沟通和交流能力

做好准备。

其次，要以学生为本，增强话语体系的亲和力。要消除教育者和受教育者之间的话语隔阂，就要尊重受教育者的主体地位，转变教育者的话语表达方式，要贴近生活，构建新的以平等沟通和交流对话为基础的话语模式。日常生活是思想政治教育的关键场域，习近平同志强调："一种价值观要真正发挥作用，必须融入社会生活，让人们在实践中感知它、领悟它。"大学生的日常生活真切地反映着他们的思想世界。思想政治教育就是要进入大学生的思想世界，回应大学生日常生活中的"思想关切"，有意识地对大学生进行思想引领，这也是思想政治教育展现人文关怀的过程。融媒体时代，大学生的日常生活离不开网络媒体，高校思想政治教育要以融媒体为中介和纽带，使用学生喜闻乐见的话语表达，融入学生的日常生活之中，做到"与众相同"而不是"与众不同"，要让思想政治教育不再"悬浮于空"，而是"回归生活""落地生根"。总而言之，教学话语的效果，要靠教育者和受教育者一同检验。做好"传"与"受"之间的话语衔接，使大学生"抬得起头""听得进去"就是对话语体系转换效果最好的验证。

三、推动融合，搭建立体化的思想政治教育传播格局

大学生思想政治教育必须顺应融媒体的发展趋势，主动汇聚资源，搭建多层次、立体化的思想政治教育传播格局，强化社会主义核心价值观的传播力、引导力、影响力。首先，推动媒体融合一体化发展。融媒体环境下，思想政治教育只有实现媒体融合的创新发展和转型升级，加快建设大学生思想政治教育融媒体中心、"中央厨房"，大力拓展媒体融合的广度和深度，才能有效解决校园网络媒体平台同质化发展问题，有效应对来自各类新兴媒体平台的冲击和挑战，实现媒介资源的有效利用和最有效的传播价值提升。因此，在大学生思想政治教育过程中，高校宣传部门要积极顺应媒体发展大势，推动媒体深度融合，改变原有的叙事方式和话语表达逻辑，积极推动传统校园媒体转型升级，打造"媒体融合一体化平台"，让正能量更强劲、主旋律更高昂。其次，高校要重视教育和引导，鼓励教师和相关管理部门的人员学习和掌握现代媒体技术。通过定期开展培训班和提供实践锻炼平台，引导他们将理论学习和实践锻炼紧密结合起来，不断提升他们的

媒介素养，使他们成为运用现代媒体技术宣传和阐释社会主义核心价值观的行家里手。再次，推动媒体融合，探索建立融媒体一体化新阵地。面对新媒体技术日新月异的发展，巩固既有阵地、开拓新兴阵地是融媒体环境下优化大学生思想政治教育的必由之路。随着5G时代的到来，高校要依托网络思想政治教育资源做强短视频平台，利用新兴媒体如抖音、快手、微信等，打造具有高校特色的短视频传播组合拳，抢占思想政治教育宣传高地，推动思想政治教育话语载体实现一体化融合发展，进而不断增强大学生思想政治教育凝心聚力的育人实效。

四、融媒体时代大学生思想政治育人方法定位活态实践

习近平同志在2016年全国高校思想政治工作会议中指出，要运用新媒体新技术使高校思想政治教育工作活起来，推动思想政治工作传统优势同信息技术高度融合，增强时代感和吸引力。这明确指出了高校思想政治教育必须依靠新媒体方法才能变得更加有成效，媒介使用、教学评价、媒介监管等的活态化实践运用是新思政实效性的重新定位。

一是教育媒介由纸媒向融媒转变。传统的高校思想政治教育主阵地是"两课"，即马克思主义理论课和思想政治教育课，主要媒介是纸本，表现形式过于单一和低效。在"融媒体"的跨界"媒体融"思维影响下，媒介的范围和种类得到充分延展，从而出现了智能手机、iPad、数字电视等媒介形式，可以通过QQ（群）、微信（群）、朋友圈、微博、慕课（MOOC）等开展实效性更强的思想政治教育工作。融媒体方式思想政治教育充分考虑并极大地"迎合"了当代大学生的接受心理，构建出了主体、资源、方式、时空、技术等多维度协同创新模式，形成环境、目标、理念、效应等元素构建成的互动耦合机制的发展新体系，渐进式推进融媒体样态下高校思想政治教育工作的科学化、常态化和有效化。

二是教学评价由"成绩为王"向日常表现转变。改变传统思想政治教育教学评价模式，更多关注大学生日常融媒体方式的学习、生活的品行。在教学评价中，教师要充分发挥学科专业体系性、逻辑性为主体向思想政治教育的针对性和时效性的模式转换作用，分层评价学生的思想政治成绩。同时还要关注大学生利用融媒体手段进行的理论知识的学习和日常表现是否和谐统一，可以采用在线答题、

实时互动了解思想动态、在线提交论文等多元化方式将思想政治理论知识内化为基本素质内涵和行为习惯的效果。

三是媒介监管方式由结果性向过程性转变。即实现从对传统媒介的网络监管结果考量到取材于融媒体自身作用发挥的过程监管转变。大学生在网络媒介的行为直接反映了学校思想政治教育工作的育人成效。融媒体样态的影响良莠并存，且具有即时转化的不稳定性特点，造成融媒体方式思想政治教育过程中媒介使用监管制度出现制定难度大、执行难度大、见效难度大的"三大"难题。但是融媒体媒介具有自身实时监测和防护功能，因此，需要利用融媒体媒介全方位的即时互融性特点，发挥大学生的媒介使用作用及媒介功能的反作用，不断完善监管制度和使用行为规范，力求达到"在使用中监督、在监督中使用"的相互依存和制约的过程监管模式。

五、融媒体时代大学生思政教育评价机制对标效度检验

评价机制是检测、监督、矫正融媒体融合作用下思想政治教育工作有效性的重要保障。评价机制应以"三个结合"为主，即内容的绝对性和相对性的结合、指标的静态性和动态性的结合、方法的质性和量性的结合，因此，高校思想政治教育体系的评价机制也要与时俱进，做到三个结合。

一是评价内容注重绝对性和相对性结合。思想政治教育内容的绝对性是对传统思想政治教育基本内容的固守和坚持，是思想政治教育教学大纲的完整展现，但会造成一定程度上思想政治教育灵活性和受众性的缺失。融媒体"融合"下实现思想政治教育内容绝对性与相对性评价标准的有机结合，体现了"不变而变"的辩证关系，既保证了融媒体融优势作用得到充分发挥，又实现了教育内容固守与思变的科学统一。

二是评价指标注重静态性和动态性结合。传统评价指标，包括既定的思想政治教育政策、制度、内容等，该评价指标守住了"底线"和"本原"，是静态的规范体现，但未考虑到思想政治教育发展的客观因素作用下的不确定性，具有一定的限定性和不合理性。而作为主要客观作用因素的融媒体的出现，使得思想政治教育方法和载体等因素凸显出重要的地位和作用，思想政治教育因而会变得更

加灵活有效。因此，在融媒体方式思想政治教育新样态下，必须突破传统静态的线性发展考量，转向"动静结合"的多维考量，实现多维度、立体化作用模式。

三是评价方法注重质性和量性结合。质性评价重点是"以人为本"，注重将大学生在教育过程中的接受反应作为评价方法的选择依据，当然也难免会出现"感情用事"的负面干扰。量性评价聚焦的是学生受教育结果的有效性，通过教育结果采取相应的评价方法，忽视了人本性执行过程，具有一定的机械性和被动性。质性和量性结合的评价方法兼顾了执行过程人本性及教育结果有效性的综合考量，充分发挥出了融媒体方式思想政治教育的融合作用优势，使得新思想政治教育变得不仅有力度和深度，更有温度和质感。

六、创新大学生网络思想政治教育形态

（一）开发融合内容营造"共振式"网络文化

网络思想政治教育作为思想政治教育的网络空间中的继续，对优质教育内容的追求既是增强教育双方耦合效应的逻辑前提，也是提升网络思想政治教育竞争力的关键要义，还是保持校园思想政治教育媒体平台生命力的重要途径。随着融媒体时代到来、新的媒介发展形势的改变，尤其是智能手机助推了一些碎片化、浅阅读、消费属性的泛资讯内容快速拓展。由于思想政治教育内容涵盖马克思主义世界观教育、人生观教育、政治观教育、道德观教育、法制观教育等多个具体方面的内容，而网络思想政治教育的内容边界更加宽广，由此导致教育内容表现出"泛而不精"的现象。另外，在"两微一端"教育阵地全面展开网络思想政治教育，也存在教育内容"移植"，多个平台上教育内容重复，教育双方思想互动不足的状况。因此，为巩固融媒体时代下社会主义意识形态在网络领域的主导地位，思想政治教育借力新媒体平台发挥最大质效，必须因时、因势积极开发融合型、"共振式"、多媒体化的教育内容。具体采用的模式主要有以下几种：

1. 菱形嵌入式

所谓菱形嵌入式的内容生产模式是指为适应融媒体时代信息传递速度、传播内容深度和教育者与学生用户互动的需求，教育者因时、因势、因事率先发布一

定的教育内容，根据各方媒体平台学生用户的反馈，拼接、补充、嵌入新的教育素材，以形成更加完整的教育内容，使得教育向纵深发展。其方法步骤为：

（1）发布简讯

简短讯息是指以百字对教育内容简要描述。从地位和作用上，简短讯息是开展大学生网络思想政治教育的引言导语。处于中央"大脑"位置的融媒体中心的教育者可以以重大历史事件、纪念活动的时间节点为契机，进行主题报道、典型报道和成果报道，以最快的速度和最简洁的形式描述或回顾该事件，引发学生对其产生一定的关注度和好奇心。

（2）收集反馈

在融媒体传播格局下，不同类型和层级的媒体平台也将根据事件进行反应，各方在基于充分了解事件发展脉络的基础上，能够进行相应的评论，发表其观点。这些反应和反馈都将成为教育者延伸网络教育过程，深化教育内容的有益素材。

（3）延伸教育

教育者通过收集不同类型和层级的媒体平台的反应和其学生用户的评论情况，依托于大数据分析技术，借助于专业的数据分析与管理专家的力量全面分析学生用户在这一事件上的思想认识、情感态度、政治观点等，以便后续对学生进行更具有针对性的再教育。在教育过程中，嵌入新的教育素材并对其进行二次加工，从而实现网络思想政治教育内容的二次增值，拓展教育内容的深度和广度。

（4）定制互动

融媒体传播格局主要特征之一就是双向互动性。在网络空间中教育双方的互动是一种出自我意愿的、双向的、平等的交流。教育者应充分利用这一特性，根据学生用户的学习兴趣、学习取向和学习需求，以技术为依托营造适合网络互动的拟态环境，如搭建教育双方"一对一"的私信聊天室、"一对多"的社区论坛，以发表观点、评论的方式引导学生进行深入思考，逐个击破学生用户的思想困惑。通过定制式的互动激发学生用户的参与意识、参与意愿和参与行为。菱形嵌入式的教育内容生产方式较为普遍，如人民日报微博新媒体聚合平台关于我国改革开放40周年的报道为例，以人们乘坐的交通工具的变化为切入点，引发人们对于我国改革开放成就的讨论，并以视频、音频的媒介形式转发习近平同志关于改革开放的系列讲话，以文字、图片持续报道《大江大河》制片人等知名人士关于改革开放的讨论，进一步点燃对我国改革开放所取得的成就的讨论热度。最后，人民日报评论员根据各方论调，发表本社观点，凝聚共识，巩固对社会主义制度的认同。

2. 钻石折射式

钻石折射式是指融合文字、图片、音频和视频多种媒介形式，进行多维度、多层次、全方位的网络思想政治教育内容建构。正如钻石经过 N 次切割和打磨，具有若干个面，从而折射出不同的光芒。在融媒体传播格局下，对同一教育内容的不同侧面同时进行报道，学生对媒体平台中教育内容的接触次数越多，其涵化效果越强，越能够共同折射出更立体、多元的教育光芒。

首先，教育者应将网络思想政治教育内容的原始素材进行"N 次切割"，从多角度采编内容，形成多个教育"反射面"。网络思想政治教育内容相较于理论教材，应更加丰富和多元，将主流价值观以文化渗透的方式融入到大学生群体的精神世界。在内容设计上，从多个维度叙述同一教育主题，深入挖掘教育内涵。

以国家安全日作为教育主题进行网络思想政治教育为例，可以通过在媒体平台中引述国家领导人相关讲话、学生对于该节日的讨论、校园安全日活动报道以及开设国家意识安全线上网课等多个方面组织教育，提高学生对国家意识形态安全的思想认识。在载体形式上，对同一教育主题运用不同的媒介形式进行呈现。基于融媒体环境下大学生碎片化、浅阅读式和交互式的习惯，生产简洁有力的文章，开发生动有趣的动画，利用丰富的音频和视频资源。满足不同学生对阅读文字、聆听音频、观看视频和动画等多样化的需要。在渠道平台上，整合各方媒体资源，促成传统媒体与新媒体之间的内容共享，实现同一内容通过多个端口、多个渠道和多个平台进行发布，以适应不同平台的传播特性，形成具有品牌特色的网络思想教育形态。如华东师范大学官方微博及其"ECNU 学工在线"微信号均推送了与"纪念改革开放四十周年"话题相关的文章，其内容涵盖改革先锋事迹的宣传和相关育人实践活动。在开展过程中，由于微博适合发布较短的文字与直观的图片，发布内容为简要的改革先锋人物介绍、四十年间学校的变化对比图，直接地凸显出改革开放的成果，有助于增强学生对中国特色社会主义道路的认同。

而在集中开展思想教育的"ECNU学工在线"微信平台,以长篇图文的形式,介绍了展现校园四十年间变化的师生校友书画展成果与"改革开放百杰"人物详细的事迹,总结了40年教育改革开放经验的书籍等。利用不同传播渠道的独有特性,有助于将思想教育内容全面渗透,扩大传播范围,进而提高教育的质效。

其次,分层、分类、分重点地精准推送思想政治教育内容,为每一类学生找到适合的教育"面"。通过数据分析技术掌握每一位学生用户的特征后,对心理偏好相似或思想政治状况相似的学生进行大致分类或聚类,为不同类型学生群体提供"定制"的教育内容,实现精准化、差异化、多元化的网络思想政治教育。例如,Facebook通过名为News Feed的算法来为用户推荐可能感兴趣的新鲜事:首先根据内容来源(家人、商家等)、内容类型(照片、链接等)、用户以往收到新鲜事时的心情(点赞、分享等)等信号来为帖子进行排序,优先显示关联度最高的新鲜事。在融媒体时代下,思想政治者也可以借助多个媒体平台获取学生在网络空间中的活动足迹,根据学生的浏览行为、关注行为、收藏行为、评论行为以及转发行为,改进和优化符合学生群体需求和特征的内容选择机制。从而,将特定的思想政治教育内容定点推送给目标学生群体,促使"浅"且"泛"的信息向"深"而"精"的方向进行转变,从根本途径上实现思想的"配餐"。

3. 交互沉浸式

交互沉浸式即在网络思想政治教育过程中,借助虚拟现实(VR)等新的智能技术,根据教育内容设计、再现、营造身临其境的虚拟教育环境,帮助学生以第一人称的视角沉浸其中,成为网络思想政治教育的在场者,获得交互式的体验。如果思想政治教育内容与学生的实际思想需求的脉搏同步,频率相互契合,就有极大的可能产生思想的共振,从而更加容易实现思想政治教育的有效性,这一规律随着融媒体时代的持续发展愈发显现。

(1)细分场景

开发交互沉浸式教育内容的前提在于细分学生使用场景,了解学生特点和需要。现今通过移动媒介获取信息内容的大学生数量呈现出急速增长的趋势,他们可以在任意的场景中接受思想教育、传播教育信息以及反馈教育效果。在融媒体传播格局下,大学生并非单纯的网络思想政治教育的"消费者",而是教育的"第二生产者",甚至有时候可能为教育内容的"第一生产者"。只有依托大数据分析技术分析各种平台、各种场景中学生的行为习惯和偏好,在充分了解学生的需求以及个人或群体的心理特征下,才能有效提升内容的针对性。

(2)设立情境

根据不同的教育目标,教育者收集与教育内容相关的图文、声像、多媒介素材,建构适合教育的情境。例如,教育者要对学生以"道德两难"为主题进行教育,可以通过制定教育情境的脚本,寻找主题相关的图片、音频和画面资料。并且,基于社交网络链接结构基础上,依靠VR专家和相关技术人员通过动画、图片、声音等资源建立一定的模型,从而开发动态化的虚拟教育情境。

(3)实施教育

学生用户通过头戴式设备和运动追踪设备等,以观看视频、人机交互的方式,获得视觉、听觉、触觉,甚至嗅觉等多种感官的体验,逐渐融入教育者所创造的虚拟情境中,对视频所传递的教育信息进行认知层面的深入思考,情感层面的感知,行为层面的模拟尝试。

(4)获取反馈

融媒体传播格局最为明显的特征就是重视学生用户的互动与反馈。在这一阶段,教育者通过发布线上问卷、布置在线作业和问答类游戏,及时把关学生的在线学习情况,获取教育效果的反馈,为后续开展教育活动奠定基础。

以中国人民大学微信平台中"那些年一起走过的人大"为例,校园是每个学生最熟悉、最易触发情感共鸣的场域,教育者根据这一特点创设虚拟人大校园情境,设计交互式的动画。在动画中播放舒缓柔和的轻音乐的同时,学生用户选择"路线",以指纹长按触发下一阶段的场景,逐渐沉浸于图、文、声、像相互配合的情境里,引发属于学生个体校园生活的记忆。最后,教育者还设置"我爱人大,不是说说而已"智力类小游戏,通过寓教于乐的游戏吸引学生的关注与参与兴趣,以掌握学生的思想认识和情感态度状况。可见,交互沉浸式的教育内容生产模式不仅能够使学生跨越时空,还能够真正使学生对教育者提供的"象征性现实"产生共鸣,激发学生的关怀心、同理心。

（二）构建融合共同体形成管理育人合力

在融媒体背景下，高校需要对多个媒体平台进行统筹管理，跨时空进行精准化、分众式的思想引导，这使得高校媒体平台的管理与以往相比变得更加复杂。必须加强对融媒体的认识，强化对新的传播规律的把握，构建融合共同体，以形成管理育人的有效合力。

1. 提升教育主体媒介素养

媒介素养是适应未来网络生活每个人所必备的一种能力，是在各种网络环境中根据需求和目的收集、分析、运用和评估媒体信息的能力。在融媒体传播格局下组织开展网络思想政治教育，教育者提高自身媒介素养尤为必要。

在教育培训上，高校应借融媒体发展这一机遇，有计划、有目的、有组织地对思想政治教育者和校园媒体平台的相关人员进行融媒体相关知识与技能的培训，促进其熟练掌握媒体传播规律，能够自觉运用新的媒介技术增添思想政治教育工作的时代性和亲和力。高校的思想政治教育者，尤其是在学生工作第一线的专职辅导员，在每年必修的16个培训学时中，应通过开设媒介素养课程、专题讲座、讨论座谈等方式，加强教育者对融媒体的深层认识，对新媒体技术运用能力、网络舆情管控与应对能力的培养。

在考核机制上，高校可以依托行为锚定的评价方法，将融媒体形势下开展网络教育可能会发生的各种典型案例行为作为评价指标，以适当的方式纳入到思想政治教育者的绩效考核当中，清晰地反映出组织开展教育的实际效果。

此外，通过精神激励与物质奖励相结合的方式，评选网络思想政治教育优秀工作者、征集网络思想政治教育优秀案例、组织网络思想政治教育相关课题研究项目等多种途径，激励思想政治教育者主动学习媒体理论知识，提高运用新技术实施教育的技能、本领，从而优化、创新网络思想政治工作方法。

2. 构建融合型的育人团队

现代化的特征之一就是社会分工日益细化，各领域专业化程度加深，个体的作用可能变得十分有限，而群体智慧、团队整体的作用越来越被强调和重视。可以说，没有融合型人才的团队就不可能有更进一步的网络思想政治教育创新发展。因此，在当前运用融媒体增进网络思想政治教育最大效能的时间节点上，高校应积极培育适应融媒体发展的育人团队，具体包括以下两个方面：

在专业构成上，高校应以"全员育人"的理念为指导。其一，建立数据分析技术团队，联合图书馆、信息技术部门、后勤等多个职能部门，进行数据资源的收集、共享。其二，设置内容策划团队，协同学工部、马克思主义学院、媒体与传播学院等多个学科的教育者自由结合、共同策划教育内容主题，编辑和改写适应不同平台需求的教育内容，分工合作开展网络思想政治教育。其三，打造互动运营团队，建立教育者联合社会专家顾问的专业互动队伍，为学生提供问题解答库，针对学生用户的各类提问进行互动回答。借助多方资源和力量，有效形成思想政治教育合力，有助于教育内容的协同生产，为融媒体传播格局下网络思想政治教育的价值实现提供前提。

在主体建设上，充分发挥教育者主导作用，学生用户作为自我教育、自我管理、自我服务的主体作用。融合时代，媒体平台作为网络思想政治教育创新的热土，无论是教育者还是学生都能够成为这一领域的主角。教育者应寻找具有正面影响力的"意见领袖"。这些学生"意见领袖"在媒体平台上具有一定的影响力，他们的发言往往能够引起较为广泛学生的关注，将其个人影响力迁移至思想政治教育媒体平台，成为推动实现网络思想政治教育目标的有效助力。可以从两个方面进行努力：一方面通过"招兵买马"的方式设置学生新媒体编辑部，选拔、培育学生评论员、学生主播，招募和吸纳具有网页设计、动画制作、视频制作等专业技术的优秀学生。在教育者指导下，学生自主开发、设计网络文化作品发布于媒体平台上。另一方面，采用普通学生用户向媒体平台的文章类、视频类、动画类等投稿，作为有益补充，发挥朋辈教育的效果。

只有不断激发全体师生的创新和创造能力，协调各方力量形成有效合力，努力打造政治过硬、求实创新的融合型育人团队，才能壮大融媒体时代下主流思想舆论，巩固共同的精神家园，为新时代中国特色社会主义事业提供坚强的思想保证。

（三）创新融合载体强化跨平台叙事能力

规范高校新媒体的管理，推进跨时空媒体平台建设是新时代大学生网络思想政治教育创新的重要基础。当前是以方便师生为目的校级、院系、各学生组织微信平台、微博，自主开发的校园APP以及第三方校园APP，呈现出平台繁多、内容零散、功能单一的现状，反而造成了高校师生的不便。另外，各个新媒体平台的管理者往往以"单打独斗"的方式进行运营和管理，使得思想传播的效果大打折扣。因此，新时代网络思想政治教育必须适应融媒体的发展要求，适应学生成长成才的客观规律，满足学生内生性需求。整合多方面的资源、协调各方力量搭建统筹管理的融合型媒体平台，以强化跨平台叙事的能力。具体做法如下：

1. 设立校园融媒体中心工作站

随着互联网的迅猛发展，尤其是以移动互联网技术为基础而衍生的微信、微博、APP等移动应用软件层出不穷，不仅改变着大学生群体的人际交往方式，还正在改变着他们的学习方式和生活方式。面对各个部门、组织众多的官方微信公众号、微博以及纷繁复杂的各类校园APP，如何对其进行规范、管理，引导各个校园新媒体平台有序发展，更好地服务于网络思想政治教育，是当下运用网络新媒体实施思想政治教育的工作重点。

一是必须设立实体的融媒体工作站，发挥其作为"中央枢纽"的功能，统筹管理校园新媒体的各项事务。可分设大数据分析中心、融媒体采编中心、新媒体平台运营中心等多个子部门，整合分析目标学生的各项活动数据，调配信息内容的采编资源，从而有效提高管理效率，深化传播效果。此外，还应加强与下级各媒体平台的互动交流，深化合作关系，挖掘有利的媒体资源，为大学生思想政治教育传播提供更为有利场域。

二是建立相关的工作机制与管理制度，为融媒体工作站的高效运行提供必要的制度保障。为符合校园主流媒体的发展要求，创新大学生网络思想政治教育新形态，高校应当建立适应融媒体工作站运行模式的工作体系。从改善发布渠道、内容采编、平台运营、团队管理等多个子层面理顺工作流程，进而将制度优势及时转变为大学生网络思想政治教育的资源优势、宣传优势，形成融媒体传播格局下大学生网络思想政治教育的新格局。

2. 优化微信为代表媒体平台

目前，微信公众平台拥有大量的大学生群体用户，它是高校大学生群体日常使用最多，接触最为频繁的新媒体平台，对其加以优化管理有助于直接提升网络思想政治教育的传播力、引导力和影响力。在各类校级、院级和学生组织等微信公众平台多元化发展下，使得思想政治教育内容得以多样化。与此同时，在一定程度上却又导致了传播内容的密集化和同质化，造成了大学生对内容信息"审美疲劳"。在进行问卷调研的过程中，大部分被调查学生都表示在信息过载的当下，看到微信平台推送的文章时基本会选择忽略，甚至直接屏蔽。于是，集合多层次、多种力量，整合微信资源，合力优化微信平台，进行统一管理显得格外重要。具体做法主要有以下三点：

一是整合第一层级的发布渠道，实现传播途径的融合。高校可以将各职能部门的微信公众号纳入到校级微信企业号中进行统一管理，统一端口进行信息发布，尽量避免信息发布渠道混乱的情况。

二是建构第二层级的微信矩阵，形成链式育人格局。高校可以在校级微信企业号的第二层级完善对各个院系、学生组织微信公众号的链接。学生能够快速跳转到目标的院系，进行相关资讯的检索和咨询，从而可以让学生便捷地接受到来自校园多个部门发布的信息。促进以微信为代表的校园主流媒体平台的建设，不仅可以提高各育人部门协同运作的效率和信息的发布效率，同时也有助于提升学生点击校园主流媒体教育内容的可能性，为思想政治教育的传播提供前提。

三是融合最新的网络传播方式，教育者应掌握现在流行的直播和短视频录制方式，运用弹幕式的思想引导法与学生加强网上思想互动，从而增加学生对思想政治教育网络媒体平台的关注和黏性，达到良好的教育反馈效果，促成思想政治教育根植于学生内心，进而外化于行。

3. 积极开发融合型学习平台

融媒体时代极大地改变了传统媒体和新媒体的传播生态，既给大学生思想政治教育传播带来了机遇，也给传播的有效性带来了一定的挑战。在这一客观环境下，高校自主开发融合型的学习平台，搭建新型校园主流媒体，有利于充分地了解学生的思想实际，满足学生真实的使用需求，达到良好的教育效果。同时，衍生新的虚拟教育阵地，有助于摆脱微信、微博等已有的社交平台的束缚，促使网络思想政治教育的工作渠道实现创新发展。以中宣部在2019年2月下旬于北京和上海两地上线、推广的《学习强国》新媒体学习平台为例，该平台以宣传习近平同志中国特色社会主义思想为主要内容，《学习强国》手机移动端整合了"新思想""学习""视频学习""要闻"及"时政综合"等三十多个频道，从而实现了理论宣传、新闻报道、交流互动等多种功能的覆盖。在内容建构上，一方面为满足受众碎片化的阅读取向，精简新闻报道的内容，突出传播的核心内容，尽量达到"短小精悍"；另一方面，将电视播放的新闻联播内容剪辑成五分钟左右的短视频，同时配以文字进行简要说明，促成了电视媒体与手机移动端新媒体的融合。在受众交互上，除可在平台上发表观点外，受众还能参与答题活动、专题考试，进行视频会议、电话会议及存储传输文件等多项互动功能。

然而，构建融合型学习平台也向高校提出更高的要求。在融媒体传播格局下，有条件的高校可以积极探索、主动开发高校融合型学习平台。有三个开发原则需要注意：一是坚持以学生为本的育人理念，以满足学生根本的、实际的需求为主要目标。二是以技术为先导，借助互联网的思维，依靠数字技术、媒介技术等信息技术，促进移动端口的技术融合。三是实现资源共享，可将电视直播的素材转化成短视频，将长篇的文本转化为H5交互动画，真正做到内容的深度融合，从根本上节省时间和人力成本。

推进融媒体工作站的建设，以实体管理机构为依托，完善已有的、受众广泛的媒体平台的管理，开发全新的融合型思想政治教育学习平台，以构建线上与线下、现实与虚拟的协同联动模式，不仅能够为融媒体在统一平台上协同生产、内容发布、互动反馈的实现提供有力保障，还能为巩固和壮大主流意识形态阵地提供关键性的支持，真正实现"互联网＋教育"的高质量发展。

第三节　大学生思政教育客体媒介素养的提升

就现实而言，媒介素养教育在大学生思想政治教育过程中的实践效果，并不尽如人意，存在一些亟待解决的问题。高校应当紧紧围绕"以师生为中心"的教育理念，寻找切实可行的解决措施，促进高校师生媒介素养的提升。

一、强化教育客体对媒介素养教育重要性的认识

在融媒体时代下,开展媒介素养教育,首要的任务就是引导大学生树立媒介素养意识,认识到媒介素养教育的重要性。只有这样才能从根本上端正学习态度,增强媒介素养意识,并能够积极主动地去了解、认识、学习媒介素养知识,而不是被动的接受,这在一定程度上影响媒介素养教育的学习效果。因此,融媒体时代的大学生思想政治教育"必须重视大学生的媒介素养教育的作用,把握其积极因素,利用媒介为大学生思想政治教育服务,增强思想政治教育的教育效果"。

首先,媒介素养教育能够满足大学生个性化发展的客观需求,不断实现大学生全面成长成才。在融媒体时代,丰富的媒介信息与多样化的传播手段,都不受时空限制,随时随地即可获得海量化的信息。这就要求大学生必须提高自身的媒介文化知识,增强对媒介信息的辨别能力,形成对负面媒介信息的抵制能力。同时,大学生通过媒介素养教育,了解并学习媒介素养知识、掌握其主要应用方式以及明确媒介传播信息的作用与意义;增强对媒介生存发展环境的认识,了解其背后各种综合因素,进而深入地分析媒介信息的生产过程与传播路径,认识媒介对受众的操控能力;同时,学会对媒介的触碰必须具有选择性,利用媒介进行自我服务与提升。

其次,媒介素养教育能够促进大学生综合素养的培育,提高大学生的创新能力。"21世纪是知识经济的时代,需要培养具有创造精神、创造能力的大学生,以适应社会发展的需要。"因此,在媒介迅猛发展的融媒体时代,媒介素养教育对大学生创新能力与综合素养的提升具有积极的作用。主要表现有两点:其一,大学生创新能力的培养也需要与时俱进,紧跟时代发展的步伐。在如今这个信息技术迅速发展的融媒体时代,大学生必须具备对信息分析、解读以及整合、开发的创新能力,与此同时,也要不断学习与信息技术、媒介传播等相关的学科,增强自身的媒介素养,提高媒介信息的应用技能,这也是融媒体时代发展的客观需要与大学生创新能力提升的前提与保障。其二,大学生对媒介知识的学习、对媒介信息的判别与分析、对媒介的选择与应用,都会影响他们的价值观形成以及学习生活的其他方面。因此,媒介素养教育不仅是大学生学习能力的基本体现,更

是一项生活技能，实现终身学习的基本素养，只有树立媒介素养终身学习的意识，大学生才能够具备高度责任感与使命感，才会在海量复杂的信息中明辨是非、分清对错，进而提升自己的综合素质，做一个高素质的复合型人才。

二、积极增设专门的媒介素养教育课程与平台

"课程思政"的提出为媒介素养教育与思想政治教育的深度融合提供了一种可行的路径。因此，媒介素养教育课程必须进入高校的课程教育体系，帮助大学生在面对不良媒介内容时具备一定的抵抗能力，树立自我保护意识。或让其成为大学生的一门通识课程，让课堂成为大学生媒介素养教育的主阵地。与此同时，大学生思想政治工作者依托融媒体，发挥网络优势，增设媒介素养教育的载体平台，使媒介素养教育知识与资源在较大的空间范围内发挥更大的作用，以便于更多受众的学习与分享。

第一，增设媒介素养教育课程，构建大学生媒介素养教育的内容体系。融媒体时代，媒介传播方式与手段呈现多样化特征，媒介内容良莠不齐，大学生往往很难对其做出正确的判断与分析，这就需要开设相应的媒介素养课程，提高学生辨别、评估虚假信息的综合能力。

对这一课程的开设，高校必须做到从学生实际需求出发，丰富并完善媒介素养内容、建立健全媒介素养课程体系。它的内容体系主要由媒介知识、媒介应用的技巧与能力和媒介行为道德与法治等几个方面构成：一是媒介知识。这部分教育内容主要使学生掌握媒介的基础性知识，进而对媒介的整体性环境有一定的了解。具体包括各种传播媒介的类型与特点，不同类型的传播媒介所承担的主要任务是不同的，进而产生的内容也有所不同，媒介的管理与运行模式，媒介的基本功能与作用。学习这些知识，有助于大学生了解媒介形态的发展历程、传播规律、运行特点、信息生成与传播，了解媒介是怎样对我们的学习与生活产生深刻影响的。二是媒介的应用技巧。融媒体时代的媒介形态与信息呈现多元化特征，在为大学生提供各种快捷与便利的同时，也极易促成大学生的选择困难，因此，就必须形成媒介应用技巧的相关课程内容，帮助大学生如何更加准确、巧妙地利用媒介，服务自我。三是需要重视培养大学生的媒介应用能力。它主要涉及媒介信息

的选择与分析能力、媒介信息的加工与生产能力、传播与管理能力以及规范自身行为、维护合法权益的能力等。在融媒体时代，部分大学生由于缺乏对信息的甄别能力与对负面效应的抵抗能力，会产生一些负面影响，甚至产生极端的行为。如对一些不良的虚假信息偏听偏信，甚至进行"二次加工"盲目地转发与传播，恶意窥探他人隐私、编造虚假信息、恶意炒作以及不同程度的网络暴力，对他人造成伤害等。这些负面效应不只是媒介传播的负面功能所产生的，更是因为受众的媒介道德水平低下、行为失范而造成的。所以，在大学生媒介素养教育课程中加入道德与法治的教育内容，帮助大学生强化道德意识与法律意识，规范自己的言行，净化媒介环境。

第二，有针对性的开设媒介素养教育课程，将其纳入公共必修课程或通识教育课程，举办相关主题活动。媒介素养教育课程的开设，旨在培养与提高大学生的媒介素养与综合素质。因此，要想实现这一目标，就必须依据高校自身情况，采取具体可行的措施与方法。一是可以在各种条件与设施都相对成熟的高校，开设面向全校大学生的媒介素养教育的公共必修课程。例如，复旦大学、上海交通大学等高校把媒介素养教育纳入大学教学体系做了一些探索。山东大学从2006年就开始面向全校大学生开设了媒介素养教育通选课。而一些条件不够成熟，甚至相对落后的高校则可以在部分专业中开设媒介素养教育课程，形成试点，以此来端正大学生的学习态度、树立媒介素养教育意识，待条件更加成熟时，就可以将媒介素养教育课程进行全面推广，设为各专业的公共必修课程或通识教育课程。二是可以通过开展一些以各类媒介形态为主题的活动，举办一些移动网络为主题的校园实践活动，或参与更多的多媒体展览活动以及有关于融媒体的讲座，帮助大学生更加深入地了解媒体的类型、特征及作用，树立正确的媒介环境意识，提高自身媒介素养。三是可以利用融媒体的网络优势，开设媒介素养教育平台。融媒体它具有速度快、范围广、更新快、互动性以及共享性等特征。所以，媒介素养教育的内容与资源可以通过它进行有效的传播，如开展与媒介素养教育有关的活动，设立相关的主题教育网站，建立媒介素养教育的分享平台，以供更多的学生与教师使用，同时，也扩大了媒介素养教育传播的范围，提高了传播的时效性。

三、针对性的构建教育者媒介素养的内容体系

提高教育者的媒介素养，是提高教育者综合素养一个重要层面，不仅是思想政治教育质量提升的重要保障，而且也是融媒体时代大学生思想政治教育创新发展的必要条件。

首先，要提高教育者的媒介意识与认知能力。教育者媒介意识的提高，主要是指教育者对媒介的类型、特征以及作用的关注度与敏感性，要培养自身对媒介的敏锐度，观察力，而不是被动地接受与传播，要主动将媒介素养意识与自己的教育工作结合起来，形成联动的统一的整体，而不是将二者割裂开来；同时，又要提高对媒介功能的认知度，比如"环境监视、社会协调、社会遗产传承"等正面功能的认知以及其他媒介功能的认识，当然，作为教育者对媒介素养教育也要有深刻的认知，意识到媒介素养教育对教育者的发展、教师工作的发展与创新都有着不可替代的作用。其次，培养教育者多层次的媒介素养能力。主要涉及三个方面：一是了解与认识媒介，探索媒介的特点与作用、进而加深对媒介素养教育的内容的学习，在此基础上，教育者需要掌握在教育过程中，基础媒介工具的使用，如 PPT 的使用，音频、视频的播放等等；二是在使用媒介教学的过程中，学会辨析媒介的特点以及发展与使用规律，并在此过程中，与自己的学科特点与规律进行比较，批判性的认识不同媒介的作用；三是要加强自己使用媒介的主导性与主动性，积极利用媒介，增强媒介为我所用的理念，而不是逃避使用媒介，或被媒介所引导与支配。

其次，要加强媒介素养教育的师资培训，建设一支适应岗位需要的、综合素质过硬的强有力的师资队伍。一是将部分相关专业的教师集中起来，进行在岗集训与进修，并将这话总培训模式进行推广，或者将其制度化、规范化，成为教师专业发展中的组成部分；二是不断丰富并完善思想政治教育体系内容，加强媒介素养内容的学习，同时将培训形式与内容相结合，实现常态化、持续性学习，而对于师资培训的频率与时间，应纳入考核的标准，激励他们不断探索，勇于创新，并不断积累经验，提高媒介素养水平；三是教育者需要深入了解大学生的网络话语体系，具备较强的媒介信息判断与评估的技能，同时也需要具备较强的网络交

往能力，与大学生互动交流，掌握其发展动态，并进行有效的引导，实现大学生思想政治教育的有效性。

四、建立科学完备的媒介素养教育的工作机制

媒介素养教育的顺利开展离不开工作机制的保障，这也体现了融媒体时代大学生思想政治教育不断探索发展的内在要求。只有媒介素养教育机制与相关体系不断健全与完善，媒介素养教育的理论基础才会更加扎实，践行才会更加有力。

第一，政府及相关教育部门应重视媒介素养教育，并建立引导工作机制。我国的媒介素养教育相较于国外，起步较晚，缺乏一定的政策、文件的支撑与引导，因此，就某种程度而言，媒介素养教育并没有在实际的应用过程中引起广泛关注与高度重视。基于此，相关部门与机构应建立相关的媒介素养工作机制，建立相关的学习机构。增强媒介素养教育的吸引力与创新性，推动媒介素养教育的发展进程。一是政府通过出台相关的政策与规定，将媒介素养教育规范化、常态化。将媒介素养教育纳入高校的教育体系与课程体系中，同时通过出台一些明确、权威的文件，为加强媒介素养教育的理论研究与实际应用提供一定的支撑与引导，调动高校媒介素养教育的主动性与积极性，为大学生的媒介素养教育提供一定的政策支持与保障。二是政府需要创建良好的媒介素养教育环境，提高网络监管的力度。良好的媒介素养教育环境，有利于大学生媒介素养教育的培养和提升，政府要加强对网络监管的立法力度，保障主流媒体的规范化与权威性，发挥政府的导向功能，同时，加强网络监管的专项研究，严格规范程序，完善网络监管的法律法规，在提高网络管理人员法律意识的同时，也为受众提供相应的法制教育契机，拒绝法律的盲区。三是教育部门应积极制定相关的实施策略、学习纲要、机制体系。提高大学生的媒介素养。增加大学生媒介素养的物力支持与师资力量，同时提高校园网络的监管力度，并将其制度化，确保校园网络的安全性，提高网络信息的教育性。相关教育部门要积极采取有效的措施，利用一切可利用的资源，为媒介素养教育提供高效、优质的服务。

第二，建立校园内部各部门之间的媒介素养教育协调机制。媒介素养教育与大学生思想政治教育一样，都是整体性、系统性的一项育人工程，不仅需要跨学

科之间的学习交流，更需要部门之间的相互协调与配合。媒介素养教育实际上包括思想政治教育、教育学、传播学、新闻学、心理学以及社会学等多个学科，在对大学生媒介素养教育的路径的探究与优化过程中，不仅要学习探究新闻与传播领域，而且还需要加强与教育学、传播学、心理学以及思想政治教育等领域的交流与合作，协调借鉴并学习各学科的理论知识与实践方法等，进而提升大学生媒介素养教育的质量，优化媒介素养的内容，完善媒介素养教育的协调机制。

第三，高校应建立健全各部门之间的协调机制，将学校的宣传部门、教务处、团委以及后勤保障等各个部门调动组织起来，做好统一的安排。积极创建协调工作机制，不仅在制度与文件上要进行规范，给予支撑与激励，还要在物力、财力上提供保障，给足经费，落到实处。同时，相关工作人员针对学生实际需求制定具体可行的实施方案与计划等，要求各部门有详细的媒介素养教育方案，制定相应的检查与评估体系，并且又要具有统一性与整体性，不能自说自话，处于无序状态。只有将媒介素养教育与各部门之间的协调与配合联动起来，才能使媒介素养教育规范化，科学化，媒介素养教育发展才能更加地全面。

五、倡导大学生文明运用媒介自我实践教育

在《关于进一步加强和改进大学生思想政治孜育的意见》的文件中指出：坚持教育与自我教育相结合，是加强和改进大学生思想政治教育的基本原则。因此，在融媒体环境下，要充分发挥教师、党团、社团等组织教育引导作用，调动学生积极性，倡导学生自我教育、自我管理。第一，要利用好社团、党团等学生频繁接触的组织形式，让学生在熟悉的环境中进行自我教育、自我管理。例如学校开展元旦晚会主题活动与融媒体相结合，吸引大学生积极主动参与到活动中可以更深层次的了解传播媒介，在理论与实践相结合的过程中提高大学生自己的媒介素养。第二，学校要出台相关的媒介管理制度，加强大学生自我教育。对于沉迷网络而荒废学业、发送骚扰短信、诈骗邮件、盗窃他人账号骗取财产等不良行为，学校应该给予以上恶劣行为进行一定的纪律处分。与此同时对于那些遵纪守法的学生要给予相应的表扬和奖励。大学是学生形成正确三观的关键时期，学校出台相关媒介管理制度不仅增强了大学生自律、自主意识，而且还培养了他们诚实守信的好习惯。

第四节　大学生网络思政教育话语权的变革

伴随着互联网的广泛应用及其迅猛发展，网络已经成为了大学生传递信息、沟通交流和获取知识的重要渠道和手段，是大学生日常生活中不可或缺的组成部分。然而，网络是把"双刃剑"，它给大学生的学习、生活带来便利的同时，也无法避免地给大学生道德品质带来一些负面的影响，网络道德失范行为频频发生，网络道德秩序遭到严重破坏。因此，在融媒体时代下加强大学生网络思想政治教育是十分必要和迫切的。

一、网络思想政治教育话语权的概念及特征

（一）网络思想政治教育话语权的概念

话语是思想的载体，话语的运用就涉及到话语权。思想政治教育话语权的本质是话语主导权，是统治阶级对其成员的政治主导、价值主导和行为主导，内涵"话语权利""话语权力"和"话语能力"三个部分，具有鲜明的意识形态性。网络思想政治教育话语权是网络空间中诸多话语权中的一类话语权，是意识形态话语权中的一种，兼具"网络权力"与"意识形态权力"双重性质。网络思想政治教育话语权既不是网络和思想政治教育话语权的简单叠加，更不是网络思想政治教育和话语权的合二为一，而是"思想政治教育话语"在网络空间的主导力、影响力和传播力；本质是思想政治教育话语在网络空间的思想引领权、价值塑造权、话语主导权；内涵包括话语权利、话语权力、话语权威、话语能力、话语权效五个层面。

（二）网络思想政治教育话语权的主要特征

1. 话语内容的权威性

首先，网络思想政治教育话语权来源于具有"强制性与非强制性、渗透性与非渗透性、历史性与动态性、排他性与开放性"的中国共产党意识形态话语权；来源于具有"人本性与通俗性、现实性与利益性、包容性与开放性、历史性与动态性"；来源于具有"强烈的渗透性、显著的人民性、充分的开放性"的当代中

国主流价值观。

其次,网络思想政治教育话语权是以话语主导为价值引领筑轨铺路。融媒体环境使每个网民都成为集互联网信息创作者、传播者和接收者三位于一体的"自媒体",网民的主体性得到彻底的张扬,"全天候""跨时空"的交往方式开始占据主导,传统"把关人"角色被弱化,取而代之的是共同分享、广泛表达、高频互动的信息交流方式纷繁呈现。加之,网络的"开放性"导致网络信息的海量增长和碎片传播;导致网络空间各种信息鱼龙混杂、各种意识形态进行较量、各种力量相互博弈,各种群体充分表达自己的利益诉求和思想主张,各种偏激的言论此起彼伏,各种价值观念在这里碰撞、交流、交锋和整合。

最后,网络思想政治教育话语权是话语权利、话语权力、话语能力、话语权威、话语权效的统一。网络时代,人人具有话语权利,但每个人的"话语权力"和"话语能力"却是不均等的,每个话语思想的"话语权威"和"话语权效"是不一样的。马克思说:"理论只要说服人,就能掌握群众;而理论只要彻底,就能说服人"。由此可见,一种话语在面对海量、多样、复杂、变幻甚至相互冲突的网络信息时,要想牢牢掌握"话语权",这种话语背后所承载的思想必须具有权威性。如果话语思想本身不具有"权威性",就无法在网络思想博弈中获得话语主导权。

2. 话语表述的大众性

话语表述的大众性,即思想政治教育话语既要坚持政治性、学理性、通俗性和世界性的结合,又要善于将政治话语、学术话语转换为大众话语,在"因时而化、因时而进、因势而新"中实现话语表述的学理性、通识性和公约性三者有机统一,打造出网民听得懂、易接纳、去认同的话语表达方式,从而实现会说"网言网语",能控"网事网情"的目标。融媒体时代网络思想政治教育话语方式应学习"习式语言风格",用摆事实、讲道理、说故事凝聚共识;用大白话、大实话阐释真理;在引经据典中启人心智;在直抒襟意中表达真情,通过话语方式上的择取转换来增强主流话语体系的时代感和吸引力。

3. 话语传播的广泛性

话语传播的广泛性即网络思想政治教育话语在传播范围上能够"说了传的

开、传开叫得响",通过话语融合凝聚思想认同,通过话语内容的趣味性与思想性,提升话语内容的"辐射性"。一是源于网络信息的"碎片化"。网络时代,人人主体、人人客体、话语主客体实时互动、即时回复、全天候在线;网络空间,各种声音自由呈现、各种力量相互博弈、各种观点此起彼伏,网民不仅通过"复制""转发""点赞"来追踪自己感兴趣的话语,而且通过"分享""链接""评论"等方式对信息内容进行二度拼贴和随意诠释,导致信息碎片化、零散性。二是源于网络的交互性,网络的交互性既指网络信息具有交互性,又指网民之间具有交互性。所谓网络信息具有交互性,即网络信息能够即时传递、交换和整合,每个信息节点都是"传声器",相关转评是"调音"的"功率放大器",任何话题通过交互传播、转载互动、即时评论都有可能迅速蔓延至世界的每个角落;所谓网民之间的交互性是指,网民之间能够在相互吸引的基础上密切互动,在平等交流的基础上进行思想融合。网络的"交互性"使话语主客体之间具有交互性、话语内容具有交互性、话语传播具有交互性。充分利用网络的交互性使信息递增、力量凝聚、音量持续放大,使相关话题从自媒体舆论场迅速蔓延至整个社会话语场。三是源于网络思想政治教育话语权不是单方控制权而是合力影响力,网络空间的话语传播不是纵向线性传播而是全方位立体传播;不是自上而下传播而是由内而外传播、由中心到边缘"辐射"。

4.话语影响的持久性

话语影响的持久性即思想政治教育话语内容对话语客体的影响是深入的、持久的、经久不衰的、耐人寻味的、入脑入心的,即从"话语权效"的角度看,这种话语影响应具有持久性和决定性,能够匡正网络不良思想倾向,影响网络事件的走向;主导方向、驱策行动;能够"说了有人听、听了有人信、信了照着做"。网络思想政治教育话语权是话语主客体之间相互作用而形成的一种生成权。而这种生成权与话语影响的持久性具有直接关系,也就是说,如果这种话语的影响力不足、不够和不持久,那么网络思想政治教育话语权就很难生成,即使暂时生成也很难维持、巩固和牢牢掌握。新媒体时代,西方国家进行意识形态渗透突显出目标的确定性,领域的广泛性,渠道的多样性,方式的复杂性和手段的现代性等特征,使网络空间里的每一个"微表达"所产生的"微影响"都有可能解构公共理性、公共价值、公共精神,打破公共理性和价值理性的有机统一,改变网民主流意识形态认同的意识结构、挑战网民主流意识形态认同的教育模式、挤压网民主流意识形态认同的话语空间。由此可见,网络思想政治教育话语权既不是一劳永逸的,也不是一蹴而就的,而是在各种话语交流、交锋中此起彼伏的。因此,如何提升话语影响的持久性是事关网络思想政治教育话语权是否能牢牢掌握的问题。

二、大学生网络思想政治教育话语权面临的自身问题

党的十九大报告指出,过去五年,"互联网建设管理运用不断完善","主旋律更加响亮、正能量更加强劲",网络思想政治教育话语权大幅提升。同时,必须清醒看到,网络思想政治教育话语权建设还存在许多不足,意识形态领域的斗争依然复杂。进入融媒体时代,马克思主义话语在网络空间的高势位引领不够、对重大现实问题的说服力和解释力不足、对主流意识形态引导能力下降;网络思想政治教育主体对别有用心之人的动机认识不到位,其话语自觉、阵地意识、主导能力有待提高;话语载体的辐射力不足等问题直接导致马克思主义话语面临"失语""失声""失众"的窘境,导致马克思主义意识形态被"空化""淡化""边缘化"。破解网络思想政治教育话语权面临的自身问题,从内部探究原因对于牢牢掌握网络思想政治教育话语权具有重要意义。

(一)话语体系有待完善

一是就话语内容体系而言,网络思想政治教育话语内容体系建设滞后,如社会主义意识形态凝聚力、引领力不够,存在思想上塑造不到位、在理论上讲得不清楚、在立场上不够鲜明、在实践中建设不力等问题;存在话语内容不够"接地气""涵生气""蕴底气"即话语内容亲和力、吸引力、真实性不足等问题。目前,互联网发展进入"下半场",互联网迅速发展的美好愿景与当前互联网发展不平衡现象形成矛盾双方,急需关注。网民对网络文化的需求持续增长,对网络文化话语内容的多样性还有更多期待,对网络文化话语内容的精细化有更多要求,网络文化内容建设的广度、深度、精度等方面亟待加强。然而,当前网络文化产品

整体创造力不强,原创力作鲜少,精品亟待补充,无法满足网民日益增长的网络文化需求。虽然2005年以后,我国进入网络思想政治教育研究的学科化建设时期。但目前,网络思想政治教育研究呈现出滞后于互联网新发展和网民新需求,偏重实际工作,轻视前沿理论等问题。

二是就话语表达方式体系而言,当前资本主义意识形态获得"话语霸权"靠的不仅仅是拥有强势经济、政治和军事,还在于其意识形态渗透方式采取的是"柔性灌输"方式,其宣传话语具有"普遍性""中立性"和"隐蔽性",易于被大众接受。我国传统思想政治教育话语方式以"斗争性、运动性、革命性"为主要特征,常常表现为直白说教、硬性灌输,已经无法适应新媒体时代,急需改进。加之,学术话语向政治话语、大众话语转化的程度不够,学术话语在"入网络""融网络"和"引网络"等工作中的科学性和实效性有待提高。采用恰当的话语方式向话语客体说明问题、阐述观点、使教育内容可知可感,提升话语方式的亲和力、感染力至关重要。由此可见,如何对思想政治教育话语进行具象化、活化性阐释,如何将社会主义核心价值观的丰富内涵和实践要求具体而生动地呈现出来;如何主导话语客体的"鼠标走向"是摆在我们面前亟待解决的问题。

(二)话语主体建设亟待增强

网络思想政治教育话语权的本质是思想引领权、价值塑造权和话语主导权,由此可见,话语主体的话语主导能力对于网络思想政治教育话语权的生成至关重要。然而目前,我国缺乏有组织的、大规模的、系统培育和训练的思想政治教育工作者进入网络空间。现有网络思想政治教育主体在阵地意识、主体意识、责任意识方面明显不足,在网络空间的思想引领力、舆论推动力、价值塑造力和话语主导力有待提高。具体如下:一是从人员配备方面看,数量不足,水平有限,尚未建立一支既懂马克思主义理论,又熟悉网络传播规律的专门的网络思想政治教育话语权研究队伍和实战队伍。二是从能力素质角度看,话语主体的话语自觉、理论自觉、精神自觉有待加强;话语主体的"四个自信"有待增强;话语主体的政治素养、理论素养、道德素养、媒介素养有待提高。由此可见,提升话语主体在网络空间中的"话语主导",在平等对话中的"因势利导",在轻松互动中的"价值引导"是摆在我们面前亟须解决的重大课题。

三、融媒体时代大学生网络思想政治教育话语变革的路径

习近平同志指出,"互联网已经成为舆论斗争的主阵地、主战场、最前沿";已经成为西方国家推销其意识形态的主要媒体工具。"能否顶得住、打得赢,直接关系国家意识形态安全和政权安全"。因此,在融媒体融合时代,如何将互联网这个"最大变量"变成"最大正能量";如何抢占思想舆论制高点,在多元中立主导、在多样中谋共识、在多变中定方向,牢牢掌握高校大学生网络思想政治教育话语权是摆在我们面前亟待解决的重大课题。

(一)掌握网络话语传播的特点和规律

如何改变网络思想政治教育话语"有理说不出""说出传不开"的痼疾,这需要教育者首先要摒弃传统思想政治教育理念的规约,运用互联网思维,以青年群体受众为先,满足其期待和需求,同时掌握网络环境中话语传播的特点和规律。互联网思维高度重视人的主体性。不同于传统的单一中心、自上而下的传播,互联网信息的传播方式是去中心、扁平化的,每个参与网络传播的人都是地位平等的主体,每个人都不是信息传播的终端受众,而是信息传播通道上的一个"节点",既是信息的生产者又是信息的消费者。因此,青年群体在网络思想政治教育中也处于"节点化"的生存状态。他们既是网络思想政治教育的接受者,又是其传播者。互联网"口碑式"的传播方式,要求只有使接受者获得良好的体验和满足,他才会去充当信息的传播者。所以,教育者在融媒体环境中要充分尊重青年群体的主体性价值,放低姿态、坦诚交流,用接地气、人性化、情感化的话语打动其内心;认真研读当代大学生的思想现状、实际需要和信息接受习惯,找准定位、对准频道、发准声调,打造受青年喜爱的话语产品。既要满足当代青年自我塑造、情绪表达、人际交流、寻求归属感的社会关系性需求,又要满足他们环境认知、个人发展、休闲娱乐等需求,使网络思想政治教育在人人都是"自媒体"的时代,形成良好的口碑和有效传播。

（二）拓展网络思想政治教育话语资源

网络思想政治教育要想赢得当代青年，就必须以工匠精神、极致思维，打破边界限制、整合资源、精心设计话语内容，探寻青年关注度高的话题，为其提供优质的话语产品，借助社会化传播和口碑营销让更多青年主动接近、深度接受网络思想政治教育。网络资源是开展青年网络思想政治教育的前提基础、依托保障。尤其是在当代青年学生的主体性日益彰显、话语权不断强化的今天，网络思想政治教育的话语内容应当扩展至其生活、学习的方方面面。教育者必须以强烈的跨界意识加强网络资源的整合，以丰富的资源为支撑才能保证大学生网络思想政治教育的有效开展。网络思想政治教育要注重整合信息资源，不仅要将马克思主义中国化的最新优秀成果借助互联网技术融入网络思想政治教育内容，还要积极创设健康向上的话题，通过新兴媒体进行双向互动，在对话与讨论中形成强大的凝聚力和舆论场。网络思想政治教育应当以兼容并包的态度、开阔的眼界整合网络信息资源，主动借鉴、吐故纳新、为我所用，在与大学生的互动交流中帮助他们廓清思路、明辨是非，提升网络思想政治教育的传播力和引导力。

（三）创新网络思想政治教育话语表达方式

当代大学生的自我意识强烈，普遍追求个性化，他们排斥传统思想政治教育中教育者高高在上的姿态、硬性灌输的教育方式以及宏大的叙述方式。因此，网络思想政治教育话语应当摒弃传统思想政治教育生硬刻板、一成不变的表述方式，注重表达的情感性和可视化。

网络思想政治教育话语的表达方式要从当代青年的接受方式出发，要更接地气，顺应和打动人心，而不是拉架子、喊口号。实现网络思想政治教育话语表述情感性、柔性化的一个有效方式是故事化表达。讲故事，首先意味着讲述者和倾听者的地位是平等的，在共同分享一种经历；其次，讲故事，是用一件具体的事实来阐释一个抽象的道理，以故事的真实性、情感性打动读者，产生一种带入感，进而产生情感上的共鸣，再逐渐由感性认识上升到理性感悟。这种表达方式比起从理论到理论、从书本到书本的讲述更容易让青年人接受。微信公众号"人民日报"的"夜读"栏目和"共青团中央"的"青听"栏目，每天晚上都会准时推出一篇原创文章。从主人公自身经历谈起，抒发个体情感、表达生活感悟，娓娓道来，在配以美妙动听的音乐朗诵、恰如其分的图片漫画，表达形式非常富有感染力。几乎每篇文章"10W+"的阅读量也充分表明这种"小叙事"的网络表达方式备受青年学生和网络大众欢迎。

尽管文字表述可以对信息进行全面传递和深度的分析及评论，但是目前的"读图时代"使青年对图形、图像、视频更加青睐。原因在于这些可视化的表达方式能够更好地传达现场感，让读者产生身临其境的感觉，直观印象会消除人们心理上的距离感，从而达到感同身受的效果。有研究表明，人的大脑对图像的处理要比文本快得多。人在阅读文字时，要先对文字进行解码，再与记忆中存储的形状进行匹配，才能做进一步的理解。尽管这种处理信息的方式是瞬间完成的，但与处理图像的方式相比还是需要消耗更多的脑力。所以，运用信息图表进行话语传播容易使受众从生理上更接近与所传播的信息。

在"碎片化"的网络阅读时间里，青年学生本能排斥抽象、深奥内容，而偏爱形象思维及立体化、可知可感的叙述方式，可视化表达更适合他们"快餐式"的网络阅读习惯。2020年4月15日，人民日报微信推出长达1480厘米的巨幅《中国抗疫图鉴》，用图片的形式生动形象展示了疫情期间全国人民在党中央的坚强领导下如何支援武汉、居家战"疫"的，以及在疫情防控取得重要的阶段性胜利后人民复工复产、亲人团聚的场景，在朋友圈里广泛传播。此外，还有反映中国战疫过程的视频《中国抗疫志》、英文版MV《中国青年魔性说唱反歧视》、全球战疫视频《We Are The World》以多样化的形式向国际社会表达了中国人民的战疫决心，展示了中国携手各国抗击疫情的大国情怀和大国担当，有力反驳了敌对势力对中国的恶意污蔑和抹黑。

（四）增强网络思想政治教育话语权

在以当代大学生为目标群体的网络思想政治教育中构建起话语权，要讲求策略，循序渐进。

第一，要在大学生中建立起认同性网络话语权。首先，先要引起大学生的关注，只有被关注才可能使学生产生共鸣，引发认同感。可以通过创作丰富多彩、对大学生有强大吸引力的网络文化产品引起大学生关注。这些文化产品既要在话语表达方式上生动活泼、通俗易懂，符合大学生的接受偏好，又要保持其强大的精神内核，将话语创新与内核保留有机统一。同时，要注意将主流意识形态渗透到网络文化产品中去，润物无声地使大学生受到熏陶和浸润，并潜移默化地认同、接受教育内容。2020年"五四青年节"前夕，B站推出一部名为《后浪》的视频，演员何冰登台演讲，寄语青年一代"你们有幸遇见这样的时代，但时代更有幸遇见这样的你们"。这段演讲在朋友圈迅速刷屏，"心中有火，眼里有光""奔涌吧！后浪！"是对年轻一代的认同和赞美，也是对"垮掉的一代"的刻板定论的有力回击。其次，要积极主动地在网络社区与学生进行互动交流，在互动中了解学生的所思所想，才能有针对性地对其施加影响，进行舆论引导。所以要提前规划，设计好热点议题，做到有的放矢。再次，要旗帜鲜明地与"异质声音"交锋、对抗。对大学生进行教育时可以隐性、柔性的话语方式，但要面对敌对意识形态时，如果选择沉默则等于主动放弃了话语权。教育者要时刻保持高度的政治敏锐性，快速甄别对手，针锋相对、立场鲜明地与之斗争，充分显示出马克思主义理论强大的震慑力和感召力。

第二，要着力构建信念性话语权，这是大学生网络思想政治教育话语权生成的关键性环节。在这一阶段，要将"认同"固化为"信念"，将教育内容内化为大学生的意识结构，有助于更加持久地维持认同感。依靠在上一环节中同大学生的互动、与敌对声音交锋而形成的"网络意见领袖"，灵活运用"把关人""议程设置"等理论，围绕大学生关心的时事热点，就职业生涯规划、日常生活学习相关的话题，与大学生保持持续互动，使他们逐步形成"归属感"，进而构建起大学生共同的信念。通过上述过程，大学生网络思想政治教育的话语权会逐步构建并不断增强，直至取得意识形态主导权。

第五节 大学生网络思政教育工作机制的完善

融媒体时代大学生思想政治教育的创新发展与思想政治教育工作机制的优化创新是离不开的。面对融媒体时代日趋复杂的教育环境、各类社会思潮对大学生主流价值观的冲击，传统思想政治教育工作机制已经无法满足大学生思想政治教育工作的新需求。因此，高校必须加强大学生思想政治教育工作，不断优化与创新大学生思想政治教育工作机制。习近平同志曾强调大学生思想政治教育工作机制要坚持"三全育人"的育人理念，"坚持协同联动"不断推进大学生思想政治教育协同理论的发展与实践，构建与创新思想政治教育协同机制，提高思想政治教育工作的质量，最大程度发挥大学生思想政治教育工作系统的整体效应。

（一）树立"以学生为主体"与"三全育人"的工作理念

高校大学生思想政治教育工作是培养符合社会主义发展需求的人才。因此，大学生思想政治教育工作必须围绕人的发展而展开，坚持以人为本，同时，必须坚持新时代高校"三全育人"理念与模式，加强社会主义繁荣发展与学生主体的统一性，提升大学生思想政治工作的针对性与有效性，增强思想政治教育的吸引力。只有坚持以学生为本，坚持"三全育人"理念，才能真正做到思想政治教育工作的合力育人、协调发展。构建并创新大学生思想政治教育工作协同机制，找准大学生思想政治教育创新发展的定位，增强教育实效，达到预期目标。

首先，树立"以学生为本"的工作理念，有利于增强大学生思想政治教育的吸引力，提升其实效性。一些高校在思想政治教育过程中，依然存在以"教师为中心"的工作理念，忽视了学生在思想政治教育过程中的主体性地位，没有站在学生的角度，以学生为本，思考学生的实际需求，缺乏与学生的沟通交流，忽视学生的个性化发展，并将自己与学生割裂开来。教育者在思想政治教育过程中一味地在乎完成的结果，却忽视了思想政治教育的真实效果。尤其在新时代融媒体发展背景下，大学生思想政治教育工作者并没有将时代发展变化与学生实际相结合，对大学生与融媒体应用的具体情况没有进行深入的了解，进而导致学生个性化需求得不到满足，教育的实际效果不尽人意。同时，中国特色社会主义进入新时代，社会经济发展进入新的阶段，高校树立"以人为本"的发展理念是培养社会主义建设者与接班人的客观需求，是实现"中国梦"的现实需求，也是不断提升大学生思想政治教育工作实效性重要前提。高校要做到"以人为本"就要主动了解学生的发展规律与特点，了解学成长过程中的实际需要，促进学生的全面发展。积极利用融媒体资源，以学生喜闻乐见的方式与话语开展思想政治教育工作，最大限度地调动学生的积极性与主动性。此外，大学生思想政治教育工作主体加强与大学生之间的交流，全心全意为所有学生服务，为了一切学生。尊重关爱每一学生，公平对待每一位学生，善于发现学生的优点与长处，给予学生更多的鼓励与耐心。在大学生思想政治教育过程中，对学生的教育应该采取针对性的措施，应该分清主要矛盾与次要矛盾，分清主次，突出重点，并进行阶段性划分，以不同的方式与分类，进行全方位的教育指导与服务。

其次，大学生思想政治教育要树立"三全育人"的工作理念。习近平同志强调"把思想政治工作贯穿教育教学全过程实现全程育人、全方位育人。"大学生思想政治教育的创新发展工作要在正确理论的指导下才能发展、进步。"三全育人"理念是顺应时代发展潮流，应运而生的。因此，融媒体时代大学生思想政治教育的创新发展工作需要在它的指引下开展，"三全育人"理念是随着时代的发展而发展的。在新时代大学生思想政治教育工作的创新发展过程，"三全育人理念"可分为三个部分进行阐释：其一，"全员育人"是指在大学生思想政治教育的工作过程中，要积极调动所有的大学生思想政治教育工作者，充分发挥他们的主动性与积极性，参与到高校"立德树人"的工作当中来，强调了思想政治教育主体的多元化与广泛性。并在参与大学生思想政治教育的过程中，要坚持"立德树人"为根本任务，以"培育德智体美全面发展的社会主义建设者与接班人"为目标，树立责任意识，增强自身的责任感，努力提升综合素养，为培育符合社会主义发展需求的时代新人，做好准备，打牢基础。同时，高校各部门。各机构之间要加强配合、相互协同、互帮互助。形成"大协同"的合力育人工作机制。其二，"全过程育人"是指大学生思想政治教育工作要贯穿大学生在校学习的整个过程当中，而不是局限于某一堂课或某一个阶段，它贯穿于大学生成长成才的始终。强调了大学生思想政治教育工作长时间的时间跨度与空间跨度，对大学生思想政治教育培育德智体美全面发展的社会主义建设者与接班人，提供了前提与保障，因为大学生思想政治教育的育人工作本来就不是一蹴而就、立竿见影的，它是一个漫长的教育过程。同时，高校在育人过程中，要重视因材施教，依据学生的具体发展特点的不同、成长环境的不同，发展阶段的不同，针对性地制定与之相适应的教育方案。全面促进大学生成长成才。其三,"全方位育人"是指大学生思想政治教育工作要从多个方面进行,并强调要培育德智体美劳全面发展的社会主义建设者与接班人,而只是某一个方面的培育。大学生思想政治教育要遵循大学生的成长规律与发展需求,将思想政治教育融入大学生的日常生活与学习中去,既要重视显性教育,又不能忽视隐性教育,将二者有机结合。

(二)建立并完善线上与线下教育主体的协同机制

习近平同志强调"要引导广大教师以德立身、以德立学、以德施教"同时他还指出:"建设政治素质过硬、业务能力精湛、育人水平高超的高素质教师队伍是大学建设的基础性工作。"在融媒体时代,促进大学生思想政治教育协同机制的创新,就必须注重大学生思想政治教育线上与线下教育主体的协同性,尤其重视大学生思想政治教育者的素养与能力的提升。无论是线下教育者还是"线上教师"都属于思想政治教育主体系统的重要组成部分,二者有着不同的属性、特征、工作要求,并通过激烈的竞争与相互配合、协作共存与思想政治教育的主体系统中,就目前现状而言,二者共存的状态缺乏协同性,进而造成了思想政治教育主体系统内部发展的不平衡性。大学生思想政治教育主体系统要想实现二者的和平共处与平衡发展,就必须促使二者相互补充与合作,实现共同进步与发展,提升思想政治教育的整体性效果。

一是,大学生思想政治教育工作者要加强自身综合素质建设,提升育人能力。大学生思想政治教育工作者做的是传播知识与思想的工作,是塑造人的灵魂与价值观的工作。因此,大学生思想政治教育工作者必须主动学习,做到教育者要先受教育,加强对马克思主义理论的学习与发展,加强对新时代中国特色社会主义思想的了解与学习,提高自身的理论水平,并在思想政治教育的实践过程中,巩固与发展科学性、真理性的马克思主义理论。同时,要提高自身的理想信念,尤其一些党员教师,学院党委领导等教育工作者更要加强自身的理想信念,坚定"中国梦"的共同理想,坚定政治信仰,坚定"四个自信"与育人理念相结合,传播先进的思想文化与理论知识,做好实现中国特色社会主义伟大复兴"中国梦"的筑梦人。

二是，大学生思想政治教育者工作者要积极运用融媒体技术促进大学生思想政治教育创新发展，增强大学生思想政治教育创新发展工作的时代性与创新性。大学生思想政治教育工作者要学习媒介信息的相关知识与理论，认识并掌握先进的教育技术，探索它的发展方向与趋势，关注并重视教育信息的路径与渠道。积极研究与探索网络化品牌课程的内容体系、运作模式与发展规律，如已经广泛普及与应用的慕课、微课等。学习与其相关的先进媒介技术，了解并掌握与之有关的制作工具或应用软件，提高媒介教育能力，拓展网络授课的技能与方法。同时，积极开展丰富多彩、生动有趣的线上活动实践课，调动大学生的积极性与主动性，提升大学生思想政治教育教学的亲和力。教育者可以用更多元化的方式、趣味性浓郁的形式进行思想政治教育的教学与宣传，如以创意脱口秀的方式或者以直播互动的方式，传播、宣传思想政治教育，激发学生的参与性，吸引更多的学生了解与学习思想政治理论课。

三是，大学生思想政治教育工作者需要积极主动了解大学生的实际需要。利用网络受众的平等性，与大学生平等对话，近距离交流与互动，这样不仅可以了解到大学生的思想动态与心理变化，而且还可以缩小彼此间的距离，降低陌生感以及学生的抵触情绪，增加教育双方的亲切感。大学是培养学生形成主流意识形态的重要阵地，是最关键的场所，大学生在这期间可以不断吸收到良好的思想养分与精神食粮，促进自身主流价值观的形成，同时，他们在这期间对网络世界中的各种话题与思潮都有着强烈的兴趣与表达诉求，大学生思想政治教育工作者作为大学生人生方向的引路人，一定要积极主动参与到大学生的网络世界中去，深入了解大学生的兴趣与诉求，熟悉他们的心理与情感需求，重视他们在情感、学习以及未来职业等方面存在的问题，并主动利用大数据分析问题背后的实质原因，进而有针对性的引导并帮助解决他们的疑惑、烦恼与困扰。当大学生思想政治教育者工作者具备了一定理论基础与娴熟运用融媒体技术的能力，融媒体时代大学生思想政治教育的协同育人机制才可能真的建立与实现。

（三）构建"关键环节"的全过程育人协同机制

大学生思想政治教育创新发展工作是一项复杂的而漫长的育人工作。因此，高校在构建与创新大学生思想政治教育机制时，必须充分考虑到其复杂性、漫长性的特征，把握机制创新的"关键环节"，全力构建大学生思想政治教育的全过程育人的协同机制。

首先，高校要把握学科建设的"关键环节"，积极推进"课程思政"与"思政课程"同向同行。一方面，要积极发挥思想政治教育理论课的主渠道作用，强化马克思主义理论知识的讲授，加强新时代中国特色社会主义思想的学习与传播，同时，贯彻好党和国家的方针政策，坚持"立德树人"的中心环节，引导大学生树立正确的世界观、人生观、价值观，坚定共产主义的理想信念，树立远大的志向，提高大学生的综合素养，将培育德智体美全面发展的社会主义建设者与接班人作为大学生思想政治教育理论课的终极目标，同时，也是大学生思想政治教育创新发展工作的终极目标。此外，高校思政课要通过不断的实践，加强与巩固大学生的理论思维与理论知识，以各类活动的形式，将思想理论课渗透到大学生思想政治教育的全过程，贯穿思想政治教育工作的课前、课中及课后的各个环节当中去，提升大学生思想政治教育的实践性与亲和力，发挥高校思想理论课的重要作用。

另一方面，高校要全力推进"课程思政"的育人模式，将思想政治理论课与其他课程融合渗透。并深入挖掘课程改革建设的重要元素，积极探究学科教材的思想性与理论性，进行学科教材的选用与内容体系的建设，推动马克思主义理论及新时代中国特色社会主义思想向专业课程的转变与改革，为形势与政策课、思修与法治课或相关的通识课程建设提供专业生动的教材，增强课程思政的时代性与针对性，构建"思政课程"与"课程思政"同向同行的协同性育人机制。

其次，高校要加强部门协同与院系两级的"关键环节"，推动院系两级与部门协同的全程育人工作。一方面，大学生思想政治教育要实现全过程的育人机制，就必须重视高校各部门之间的相互配合与协同工作。各部门只有相互协同时，才能实现互帮互助，相互补充、资源共享的良好局面。高校应认真贯彻好、施行好关于思想政治教育的政策方针。并以相关政策与部署为导向，开展"三全育人"的教育改革，全力构建全员全过程全方位的协同育人机制，积极解决部门之间存在的问题，明确部门承担的责任与相应的义务，制定并细化相应的条例与规章制度，探究并强化各个部门的工作职能，在查漏补缺的基础上，补齐部门存在的短板，解决出现的疑难杂症，强化部门之间的相互协调力度，不断推进部门协同育人的改革进程。另一方面，高校要大力推进院系级的党政协同法发展，强化组织建设。中共中央16号文件明确提出，"要建立健全党委统一领导、党政群齐抓共管、有关部门各负其责、全社会大力支持的领导体制和工作机制，形成全党全社会共同关心支持大学生思想政治教育的强大合力，建立和完善党委统一领导、党政齐抓共管、专兼职队伍相结合、全校紧密配合、学生自我教育的领导体制和工作机制。"

因此，高校要落实好政策制度，强化学院级的党委领导组织，充分发挥学院党支部书记的带头作用，树立责任意识，坚定政治信仰，勇于担当责任，做好带头示范作用，同时，在党委书记的带头与指导下，学院积极开展教育教学，并强化管理重大事件的能力，提升党委组织的工作技能，积极发挥党委的核心作用，提高其在学校社团组织或学生"三自"委员会的重要地位，增强大学生思想政治教育工作的协同性。

（四）建立"两大平台"的全方位协同育人机制

大学生思想政治教育的"三全育人"协同机制，是高校助力大学生全面成长成才的有力武器，也是新时代思想政治教育先进理念的充分体现。打造全方位的大学生思想政治教育协同机制，是大学生思想政治教育机制创新的必然选择。高校应立足多个角度，构建"两大平台"的全方位育人机制，积极推进思想政治教育创新发展工作的顺利展开。

第一，高校要积极构建第一课堂与综合保障体系协同的育人平台，发挥其全方位育人的重要作用。大学生思想政治教育的全方位机制建立，实际上是发挥各类载体的作用，并将大学生思想政治教育的理论知识、思想文化、价值观念等融入到各类载体当中去，将高校的隐性教育与显性教育相结合，共同发挥高校全方位育人的作用。一方面，高校要重视第一课堂的教育作用，并将思想政治教育理论课与其他通识课程相结合，既要发挥思想政治教育理论课的主渠道作用，又要强化通识课程对大学生的启迪作用，更好的激发大学生在文化、艺术、音乐等多方面的潜质，实现个性化教学，促进大学生综合素养的提升。另一方面，高校要加强大学生创新就业的指导以及教育评价体系的建立与完善，有针对性地帮助有困难的同学，解决他们面临的困扰与难题，积极建立相关的财务资助体系，完善大学生的学业测评与奖学金评比的制度体系，使大学生充分享受自己应有的权利，提高学习的积极性，保持积极向上的健康心态。

第二，高校要积极建立社会实践活动与媒介载体协同发展的育人平台。一方面，高校通过开展思想政治教育的主题教育活动、举办红色文化主题的展览活动、开创新时代中国特色社会主义的教育活动，加深思想政治教育理论在大学生心中的影响，并通过各种主题教育活动、文化活动、展览活动以及互动形式的活动，提升大学生参与活动的积极性与创造性，大学生可以在各类实践活动中丰富自己的理论知识，奠定自己坚实的理论基础。同时，高校要结合教育者与大学生的实际需求，打造属于自己特色的主题品牌活动，并及时注入时事政治、国家大政方针的新鲜血液，让思想政治教育无处不在、无时不有，强化高校师生的政治素养与理论基础，不断提升高校师生的政治敏锐度，切实感受思想政治教育理论的魅力与智慧。此外，高校依据社会发展与大学生的客观需要，引导大学生积极参与社会志愿服活动，做好志愿者，将思想政治教育融入社会实践中，并在社会实践中积极完成对大学生思想政治教育理论的检验。同时，也要积极创办学校与家庭、社会之间的各类活动，开展线上与线下的交流互动模式，形成全员、全方位的协同育人机制，增强大学生与家庭的联系，培养大学生与家庭之间的感情，使其形成正确的家庭观念；加强大学生与社会的联系，有助于培养其社会责任感与使命感，并在社会实践中不断完善自己的人格，践行自己的道德素养。另一方面，高校要不断推进思想政治教育与融媒体网络课堂相协同，积极利用网络载体，打造全方位、立体式的协同育人机制。高校要不断探索融媒体时代，网络发展的特点与规律，并结合大学生思想政治教育规律，将二者相融合、相协调。同时，大学生思想政治教育者要加强对互联网+思想政治教育模式的研究，树立互联网思维，提高大学生思想政治教育工作的时效性与创新性，打造大学生喜爱的教育课堂。另外，教育者还可以通过学习慕课、智慧课堂、微课等，建设主题鲜明的网络思想政治教育课程，提高思想政治教育的传播范围，拓展思想政治教育的空间，提升大学生思想政治教育的教育效果，推进全方位协同育人机制的改革进程。

第六节　大学生思政教育媒介环境的优化

环境是影响大学生思想政治教育推广的重要因素之一，它是推广思想政治教育过程中不可缺少的一部分、也是人们思想品德形成和发展的客观基础。因此，优化大学生思想政治教育的环境，就要从营造健康符序的官方媒体环境、打造文明和谐的社会媒体环境、创建积极向上的校园媒体环境这几方面做起。

一、营造健康有序的官方媒体环境

融媒体具有全程、全息、全员、全效等特征，为大学生营造健康有序的官方媒体环境，就要主动出击，从信息传播主体、渠道及内容三个方面进行把控。第一，加强传播主体筛选，邀请专业人士对比较有影响力的微博大V、微信公众号、抖音等平台进行全面筛选，确保传播主体的安全；加强传播渠道监管，对各类带有信息传播功能的社交平台、APP进行监管，发现潜在风险要及时停止；传播内容积极健康，传播内容要贴近思想政治教育方面。第二，加强网络立法。健康有序的网络环境离不开相关法律的制裁。融媒体为信息传播提供了便利，却也使谣言等不良行为滋生。如2013年的雅安地震、2020年春节的"新型冠状病毒肺炎"，每当自然灾害发生，出现相关人员伤亡等情况时，谣言就会在媒体中滋生，让不明真相人们产生恐慌。对此种情况，立法和政府部门就要立即行动，颁布相关法令进行治理，为社会稳定、大学生成长营造健康有序的媒体环境。

二、打造文明和谐的社会自媒体环境

如何使融媒体社会自媒体环境呈现健康、和谐的状态，对大学生思想政治教育带来积极作用，是当前我们要重视的问题，建立健康的融媒体环境，不仅需要单一的传统媒体的管理机制来进行教育，也需要紧跟时代步伐加强融媒体管理。第一，政府要加强管理，制定相关法规。政府不仅要根据当前的情况制定相关的融媒体管理法规，而且也要对大学生思想政治教育制定相应的法律法规。

融媒体时代大量低俗信息、网络诈骗、色情图片在互联网上层出不穷，对大学生身心健康带来严重影响。政府要把大学生媒介素养教育工作纳入议事日程。从全球媒介素养教育的发展状况来看，教育环境的营造大多数国家都由政府机构来主导协调这项工作。和西方国家比起来我国的媒介素养教育才刚刚起步，所以就需要政府直接出面具有针对性的组织和制定相关的管理制度，加强媒体管理，优化社会自媒体发展的环境，政府要注重开展媒介素养教育活动，为大学生创造良好的社会自媒体环境。因为我国媒介素养教育机构还处于完善之中，并没有像西方国家发展的比较成熟，所以我们需要政府来出面组织和建设媒介素养教育机构，每周开展一次媒介知识竞赛，让学生和家长共同参与，不仅创造了良好的媒介素养环境，而且学生也可以受到媒介素养教育的熏陶。

因此，政府需要制定相应法律法规更好的完善和提高融媒体管理体系，为大学生提供积极健康的网络学习空间；政府还要听取各行各业对融媒体管理反馈回来的意见和建议，提高融媒体的管理的实效性。第二，监管部门要加强社会管理，发挥主体作用。随着信息技术的不断革新，逼真的视觉感、丰富的网络信息给大学生带来无尽的乐趣。但是，我们也看到网络上不道德行为的发生，致使个别大学生走上犯罪道路。这与不法经营商有着很大关系。在网络媒体上色情、诈骗等不良信息频繁出现，低俗网络游戏占领媒体头条，这些网络活动不仅浪费时间，而且给大学生身心健康带来严重危害。网络经营商为了获取高利润，不断诱惑大学生，让学生深陷其中，无法自拔。面对经营商的不法行为，社会要加强管理理念，改变经营商"金钱至上"的传统观念。使融媒体管理机制更加完善，努力营造更加积极健康的社会网络环境。之，打造文明和谐的社会自媒体环境就需要政府和社会多方面共同努力。

三、创建积极向上的校园媒体环境

校园网是学生接触最为多的融媒体之一。高校融媒体思想政治教育工作是一项整体工作，需要遵循融媒体发展规律的特点，保证融媒体领域健康有序发展。因此，根据相关法律和媒介技术加强融媒体的管理。在我国现有法律基础上加强完善融媒体管理相关法规，进一步加强校园网络媒体管理，创建积极向上的校园媒体环境。

第一，要加强校园融媒体制度的管理。校园融媒体管理规章制度是进行媒体管理的重要依据。有了规章制度，在管理过程中可以使融媒体系统更好地为思想政治教育服务。首先，要对校园网络人员进行全方位管理。因此，在融媒体技术不断发展的态势下，要对校园网络人员进行定期的培训和学习，让网络人员明确岗位职责，用户信息管理、信息筛选管理、密码管理等操作，从而壮大管理人员队伍，提升管理人员安全意识，更好地为大学生服务。其次，要加强危机管理。在融媒体系统出现紧急情况时必须要有备用解决信息系统的设施，保证数据备份。在校园网络中装置防火墙抵制不良信息的侵入、建立正规的网站、进行24小时监控值班，确保系统正常运行，为大学生们提供一个舒适安全的网络空间，让他们在舒适健康的网络环境中学习提升。

第二，运用技术和法律手段加强校园融媒体管理。虽然目前我们使用的媒体软件具有防火墙、风险分析、审计跟踪、文件备份与恢复的技术，但是由于融媒体的传播数度快、虚拟性和隐藏性还是会有不健康信息肆意传播。因此，为了使传播信息积极健康，给大学生提供积极向上的校园媒体环境，就要运用融媒体技术对信息内容的传播进行监控和筛选；运用法律来处理不良信息与造谣信息的传播，不断加强校园媒体管理系统内部信息的建设，以免对大学生造成不良影响。其次，要运用法律手段加强校园网络管理。学校融媒体要根据国家相关的互联网法规来制定本校的《校园融媒体管理制度》。将校园网用户的信息进行备份，校园网拥护与融媒体用户的信息进行统一管理。学校里的BBS论坛和评论留言功能要进行实名认证，设有专门管理人员，进行24小时轮流值班，做好信息监控工作。对在校园中存在的传播造谣信息者，要依据制定的相关法律给予处分。在网上与学生进行交流互动，管理好聊天虚拟空间等窗口，这样就可以及时了解大学生的思想状况从而有针对性就解决学生的各方面问题。

第三，引导大学生养成健康文明上网的好习惯。不仅要保障融媒体技术安全，而且还要引导大学生文明健康上网。因为只有引导大学生养成文明上网的好习惯才能使校园融媒体的信息传播更加安全。首先，引导大学生分辨真善美。如今网络面前人人都是主导者，人们的行为以及生活方式都离不开网络，现代社会由于人们在生活和工作中被压抑就会借助融媒体空间肆意释放情绪暴露出虚假丑陋的一面。然而正是这些释放的信息在融媒体中对大学生成长带来很大的消极影响。因此，学校和教师要加强对大学生社会主义核心价值观教育、爱国主义教育以及公民道德教育，引导大学生文明上网，学会分辨融媒体信息中的真善美，让他们在复杂的媒体环境中做出正确的选择，面对不健康信息带来的消极影响要自觉抵制，自觉打造健康的融媒体环境。其次，将融媒体法规列入学生手册中，养成健康文明上网的好习惯。都说无规矩不成方圆，作为一名高校的大学生就应该成为遵法守法高素质的公民，养成良好的运用融媒体习惯。学校定期开展媒体教育活动，通过辩论赛、主题晚会、自制融媒体法规等多彩的方式，调动学生积极性，引导学生树立以遵纪守法为荣、违法犯规为耻的意识，提高自我约束力，养成文明上网的好习惯。

第五章 融媒体时代大学生思想政治教育质量的提升与对策思考

本章在以上分析基础上提出全媒体时代高校思想政治教育优化路径的对策建议，分为四个部分：重视理念创新、加快内容建设、加强队伍建设和推进模式构建，以期为全媒体时代的大学生思想政治教育优化路径提供新的启示与借鉴。

第一节 以强化思想政治教育理念创新为先导

媒体融合是一场新的媒介革命，我们要在认识全媒体和适应全媒体的基础上还要掌握和使用全媒体，这就需要在加强软硬件设施建设的同时，还要高度重视教育理念的创新。

一、教育主管部门要强化全媒体教育监管理念创新

媒介融合的快速发展已经对高校思想政治教育的内容、教育路径和教育环境等产生了重要影响，高校思想政治教育工作在适应全媒体和使用全媒体的进程中已经伴随着相关的变化和创新。作为教育主管部门应准确的认识和把握媒介发展和学校教育融合发展的一般规律，一是要树立全媒体监督理念。与传统媒体时代的教育监督模式不同的是，全媒体时代更加凸显对信息化和虚拟化的监督，所谓信息化监督主要是对教育主体接收和发送信息的规范性和真实性等进行监督，确保高校信息输入和输出的准确性。对虚拟化的监督更多的是通过网络平台和手持终端设备等对教育主体教育教学的效果和规范性进行监督，以及对在校大学生网络舆论和媒体素养等进行监督。要确保以上两个方面监督的有效性则必须进行监

督理念的创新，要跳出以往传统监督模型，通过更新全媒体思维来强化监督理念的创新。二是要创新全媒体时代的管理理念。传统媒体时代教育主管部门对于高校的治理更多地采用诸如现场调研、随机抽查，面对面会议等方式进行，全媒体时代随着电视会议、媒体直播和全媒体平台等普遍被采用，教育主管部门对于高校教育教学的管理理念也应及时的进行创新，要充分地依靠全媒体和全媒体平台来提高高校教育教学管理的效率，充分发挥全媒体便捷性、即时性和虚拟化的优势，节约对高校教育教学监管的成本，提升监管效率。

二、高校要积极创新全媒体教育教学理念

高等学校是使用全媒体和研究全媒体的集聚地，更是最先实现媒体教育与学校教育相融合的重要场所，因此高等学校全媒体教育教学理念的创新是优化高校思想政治教育路径的核心环节，具体来说，可以在以下三个方面努力：一是创新激励机制，主要是针对教育主体在利用全媒体开展教育教学模式创新进程中取得的成绩，以及对思想政治教育有效性的测评，根据以上情况制定相关政策文件来进行奖励等。辅助性的还有根据教育客体的学习效果来进行相关的表彰奖励等形式。二是创新制约机制，制约机制更加侧重于从管理层面来设计，以此来保障媒体融合和学校教育融合发展沿着既定的方向前进。三是创新保障机制，主要涉及到学校要为全媒体时代的高校思想政治教育创新提供全新的媒介平台和载体，能够确保正常的教育教学活动的开展，同时还要营造较为浓厚的教育教学环境和建立专业的检查维修管理团队等，确保正常的教育教学活动的开展。高校要想较好的利用全媒体则必须掌握全媒体发展和使用的一般规律，并在此基础上与时俱进的创新高校思想政治教育的模式。为此，成立专门的全媒体协同创新研究中心，不仅可以强化与相关高校和研究院所的协同创新能力，还能共享全媒体发展的成果，并将研究成果及时应用于学校教育进程中，有效的提升思想政治教育的效率。

三、加强教育工作者对互联网思维重要性的认识

习近平同志在中央全面深化改革领导小组第四次会议上指出："推动传统媒体和新兴媒体融合发展，要遵循新闻传播规律和新兴媒体发展规律，强化互联网思

维。"因此，全媒体时代，推进高校大学生思想政治教育创新发展工作，就必须要做到因事而化、因时而进、因势而新，高校不仅需要探索全媒体技术的发展与应用，更需要教育主体思维方式的发展与转变，增强自身的互联网意识，强化互联网思维。

一是，思路决定出路，互联网思维提供了高校思想政治教育载体创新的新思路。"每一个时代的理论思维，包括我们这个时代的理论思维，都是一种历史的产物，它在不同的时代具有完全不同的形式，同时具有完全不同的内容。"互联网思维是随着互联技术、媒介形态的不断发展应运而生的，也是与新时代思想政治教育发展的新要求、新目标紧密联系在一起的。因此，互联网思维实际上就是在媒介技术迅猛发展的新时代，探索媒介形态的发展特点与规律，运用媒介技术、价值规则来思考与创新的一种思维方式。它与传统一元化、单向度的思维方式不同，它具有多维度、系统化、立体式的思维特点，并强调事物多要素间的协调联动。互联网思维以其独有的特征与魅力，影响并渗透到人们生活的各个领域。这种新的思维为高校思想政治教育的创新发展注入新的活力，也为思想政治教育载体创新带来新的发展思路，增强了高校教育主客体的互动交流意识，增强"平台建设与管理"意识，强化了资源整合与共享的理念，加强了思想政治教育中以"师生为中心"的理念，并提升了高校为"师生"服务的意识。这些理念与意识，为互联网思维与高校思想政治教育载体的结合提供了契机，也为高校突破传统思维的束缚，提供了新的创新视角。因此，促进高校思维方式的转变有助于突破传统理念枷锁，审视与革新传统教育模式，推动高校思想政治教育载体的创新发展。

二是，互联网思维对高校思想政治教育载体实现互动性与实践性体验。传统教育载体体现了传统思维，高校思想政治教育的传统载体采用单向教学或灌输，忽视教育主客体之间的互动交流，教育双方的需求得不到有效满足，教育效果不理想。但在信息技术不断发展的全媒体时代，在互联网思维的引导下信息传播者与接受者之间更加重视双方互动交流的体验，更加在意自身需求是否得到满足，同时，在双方的互动过程中，实现信息的及时性、同步性的表达。因此，互联网思维可以增强老师与学生之间的交流互动，并为此搭建有效的沟通交流平台，加强教育双方信息的交流与共享。同时，高校思想政治教育载体的改革与创新，有助于教育者与受教育者更加积极主动参与到思想政治教育活动过程中，提高二者的积极性与创新性，并通过二者的共同努力，完成思想政治教育的教学目标，提升思想政治教育的水平。

第二节 加强思想政治教育内容建设为主干

全媒体时代极大地丰富了高校思想政治教育的资源和素材，也以更加便捷普适的方式被教育过程所吸收，在媒体融合和学校教育融合发展进程中，加强高校思想政治教育内容建设是适应全媒体发展规律，提升学校教育效率的有效途径。

一、全媒体时代高校思想政治教育要坚持教育内容的"新旧结合"

对于全媒体时代高校思想政治教育内容建设来说，需要处理好"新"与"旧"的关系，一方面全媒体时代的到来并不意味着对传统媒体的完全取代，而是实现二者的优势互补，而对于高校思想政治教育的内容建设来说，全媒体带来的教育模式的创新和信息的海量化等也绝非等同于完全取代传统媒体时代的教育内容，相反更应该强化传统媒体时代的教育内容。

传统媒体时代的思想政治教育内容是我党领导下的中国特色社会主义建设成果和核心理念的浓缩，具有高度指导性和思想性的内容汇编，并不会随着媒体发展而变动，它仍将成为全媒体时代高校思想政治教育的基础性指导思想。另一方面，要充分利用全媒体的优势来积极地拓展和补充高校思想政治教育的内容。全媒体带来的信息海量化和便捷性为高校思想政治教育模式的创新和教育内容的补充提供了新的载体，通过大量的案例补充和即时化的视频和音频等形式也进一步丰富了高校思想政治教育的内容，一定程度上强化了思想政治教育内容的创新性，也极大地丰富了高校思想政治教育的新颖性和趣味性。

二、注重全媒体时代的媒体素养建设

将全媒体时代的媒体素养建设纳入高校思想政治教育的内容建设中本身就是其内容建设的理念创新，媒体素养建设事关全媒体时代高校思想政治教育的成败，

是全媒体时代高校教育主体和教育客体媒体道德建设的关键环节。

　　国外将媒体融合进程中的媒体素养教育作为高校教育的核心环节，而国内教育则相对容易忽视媒体素养建设。全媒体时代的媒体素养建设一方面是教育主体的媒体道德培育。不管是传统媒体时代还是全媒体时代，教育主体对于教育的内容和教育的模式具有一定的决定权，这意味着在全媒体时代，教育主体必须具备海量化信息甄别和筛选能力，教育主体对于海量化信息的认知和传播则直接影响着教育客体的认知，也直接影响到思想政治教育的方向性。因此，对教育主体的全媒体素养培训和教育具有重大的意义，应作为高校思想政治教育中重要内容去建设。另一方面是教育客体的媒体素养教育。全媒体时代的两大趋势即信息海量化和媒介娱乐化直接影响着教育客体使用全媒体的效率，全媒体的多渠道传播方式和高度的虚拟化给乐于张扬个性的教育客体带来了充分发挥个人主观能动性的机会，但也充斥着网络谣言、不当言论和恶意篡改等有违媒介道德和素养的行为。积极引导教育客体正确认知和处理全媒体时代带来的海量化信息，掌握信息甄别能力和信息筛选能力的同时，更应该学会真确的传递信息，确保信息输入和输出的准确性和严肃性。

三、充分依托全媒体推进思想政治教育的实践内容建设

　　理论与实践相结合是高校思想政治教育内容建设的应有之义，也是培养优秀的社会主义接班人的教育基础。传统媒体时代受制于环境约束，教育内容建设更加倾向于理论学习，而忽视了实践环节的开展。全媒体时代突破了传统媒体时代对于实践环节的条件约束，主要体现在全媒体对社会实践的多渠道的宣扬和激励，通过全媒体的媒介传播使我们更加便捷的获取实践的内容和基本情况，通过网络直播和线上互动能够较好地激励教育客体参与社会实践的积极性。传统媒体时代教育客体参与社会实践会受到地域限制、经济限制和知识限制等多方面的制约，而全媒体时代的信息海量化、信息共享化和知识互通化等为教育客体参与社会实践提供了有力的保障。

四、利用全媒体创新高校思想政治教育载体

（一）创新课程载体

习近平同志曾强调:"要想做好高校思想政治教育工作,就要用好课堂教学这个主渠道,思想政治理论课要坚持在改进中加强,提升思想政治教育亲和力和针对性。"因此,在全媒体时代,推进高校思想政治教育的创新发展,实现思想政治教育载体的创新,就必须充分利用课堂育人的主渠道,注重对思想政治教育课程载体的优化与创新。马克思主义唯物辩证法认为,内容与形式是辩证统一的,内容决定形式,形式反应一定的内容。高校思想政治教育课程载体作为反应和表现思想政治教育基础理论的重要形式,在推动高校思想政治教育的课程改革与创新发展过程中发挥着重要作用。为此,利用全媒体创新思想政治教育课程载体,既要优化和沿袭传统思想政治教育的课程载体,发挥理论灌输的有效作用,又要善于利用全媒体网络技术,将内容与形式有效结合起来,赋予灌输理论更多的新意与内涵,提升思想政治教育理论课程的实效性,推动"思政课程"与"课程思政"的同向同行,协调发展。

首先,利用全媒体的教学资源平台,进行学习资源的设计与整合。第一,加强思想政治教育的课堂教学的资源整合与共享。思想政治教育的课堂教学形式,是高校培养大学生全面成长成才的重要方式,也是宣传马克思主义基本原理、新时代思想政治教育理论及传达政治信仰、理想信念、爱国主义的基本渠道。信息技术的不断发展推动了全媒体的发展进程,丰富了高校思想政治教育课程载体建设的途径,促进了优质课程资源的整合和共享的实现。例如,一些具有专业优势的一流高校可以利用全媒体资源与技术,打造一些品牌化的网络思想政治教育课程,并将其提供给社会或其他高校一起共享课程资源,以缓解我国优质教育资源结构不合理的现状。第二,大胆探索与创新课堂教学模式。传统思想政治教育的教学形式或载体与新时代思想政治教育的新要求、新目标不符,与思想政治教育的内容意境不相适应,无法满足新时代思想政治教育创新发展的现实需求。因此,高校必须大胆地探索与创新,运用科学的思想政治教育方法和内容代替传统的思政教学模式,将思政教育理论知识的决定作用发挥到最大化,并在高校思想政治

教育活动过程中充分利用思想政治教育理论知识，启发和引导受教育者，发挥思想政治教育理论课的应有功能。第三，要健全和完善思想政治教育课程载体的学习资源设计工作。思想政治教育学习资源作为思想政治教育的基础性内容，对优化思想政治教育内容体系，提升思想政治教育的有效性与实效性，推动高校思想政治教育创新发展的步伐有极其重要的作用。思想政治教育的学习资源大致可分为：主体内容、拓展内容及基本要素内容等，它们合理有序的共同构建了条理清晰、层次分明的思想政治教育的知识理论结构，为高校思想政治教育的深层次发展提供坚实的理论基础。第四，加强思想政治教育课程载体与全媒体的融合力度。高校思想政治教育课程载体要结合新时代思想政治教育新方向与新要求，利用全媒体技术，以文本内容、音频资料、图像以及视频资料的融合性形式，将思想政治教育的理论知识传播和扩散出来，用生动有趣的表达，增强了大学生的吸引力，使大学生真正将思想政治教育理论知识内化于心，提升高校思想政治教育效果。

其次，利用全媒体融合性特征，创新思想政治教育理论课的方式与手段。高校思想政治教育理论课改革的重点是坚持立德树人的中心环节，切实解决"如何培养人、培养什么人及为谁培养人"的问题。思想政治教育理论课需要贴近学生生活，了解学生成长的规律，解决大学深层次的思想问题，以科学的理论武装人，用深刻的道理说服人，帮助大学生正确运用马克思主义理论来解决现实生活中的面临的复杂问题。传统的"填鸭式"的教育方式已经满足不了新时代大学生的个性化、多层次的发展需要。因此，高校思想政治教育理论课的教学方法必须改进与创新，教育者需要针对学生的发展特点与多样化的精神需求，针对不同阶段与时期的大学生，利用全媒体，创新教育方式，形成分众化、多样化的教学形式，使思想政治教育理论课更加具有针对性、实效性。例如，在思想政治教育活动中积极利用全媒体讲授理论知识，应用媒体课件、视频、音频以及全方位事实互动的网络产品，同时，随着云计算、大数据、智能手机等媒介技术与衍生产品在人们生活各个领域不断影响与渗透与，全媒体技术与高校传统思想政治教育载体的融合趋势日益增强。将思想政治教育课程载体与信息技术相结合，不仅能够发挥思想政治教育课堂育人的主渠道作用，使思想政治教育理论课焕发生机与活力，还能够将第一课堂、第二课堂延伸至"第三课堂"（网络课堂），使它们充分发挥思想政治理论课的引领与导向作用，真正做到高校思想政治教育的全程育人、全员育人、全方位育人模式。当前，"翻转课堂""慕课"作为思想政治教育载体创新发展的全新的教学模式，已经在全国范围内进行有效的普及与推广了，这不仅体现了高校思想政治教育理论课改革的前进步伐，也表现了思想政治教育载体融合发展的趋势。

（二）创新活动载体

思想政治教育活动是一项具有实践性特征的活动，这就要求我们不仅要学习思想政治教育理论知识，坚定政治信仰、培育理想信念、提升综合素养，还需要将正确的理论与认识投入到社会主义的实践当中去，指导实践，引导人们用正确理论的认识世界、改造世界。毛泽东强调："判定认识或理论之是否真理，不是依主观上觉得如何而定，而是依客观上社会实践的结果如何而定。真理的标准只能是社会实践。"因此，全媒体时代高校思想政治教育活动载体的创新，需要明确载体的服务对象与实际意义，将思想政治教育活动载体融入到新时代发展的环境中去，并将思想政治教育内容与信息融入到实践活动的每个阶段与环节当中，助力高校思想政治教育的创新发展。

第一，要不断加强高校师生对思想政治教育活动载体重要性的认识。马克思主义实践观认为，理论源于实践并指导实践的开展。这就强调了思想政治教育过程中，实践活动的重要性。因此，高校思想政治教育的创新开展离不开实践活动，离不开教育活动载体，高校应当强化对思想政治教育活动载体的认识。高校思想政治教育活动载体是大学生获得正确价值观念的重要途径，也是大学生将思想政治教育理论知识内化于心，外化于行的重要体现，对思想政治教育活动载体的运用，能够使枯燥沉重的思想政治教育变得生动有趣，更加富有感染力、吸引力，能够吸引更多的大学生参与到实践活动中来，更加直观的感受与体验到思想政治教育过程，同时，大学生正确的思想观念、良好的思想品德只有在更多的实践活动中才能得以巩固，只有通过实践活动的检验，才能真正检验出符合社会规范的思想与行为。此外，大学生能够在实践活动中更好的内化思想政治教育的内容，领悟马克思主义理论的真谛，在潜移默化中使自身的政治素养与思想道德素养，综合素质得到提升，促进大学生的全面成长，因此，高校要做好引路人、继承与创新思想政治教育活动载体，实现思想政治教育载体的全面发展，提升高校思想政治教育实效性。

第二，高校要积极利用全媒体创新思想政治教育活动载体。高校要利用全媒体，积极发挥全社会各方面力量的作用，促进高校思想政治教育资源的协调整合、共享互动。些，高校以当"组织者"的身份，在这些社会实践活动中为大学生提供实践引导作用，大学生则以实践者的身份投身于实践活动中。例如，高校依托全媒体、紧密结合思想政治教育特色专业、主题教育活动打造品牌化、专业化的线上课程平台，像"慕课""微课"产品和"智慧课堂"的普及与应用，既能够使更多的高校师生共享教育资源，又可以满足教育主客体的个性化需要，同时，教育主体与客体可以共同参与其中，平等交流与对话，形成交互式学习形式。此外，大力打造特色化思想政治教育平台，创建红色网站，建设以新时代思想政治教育为主题的特色化网站，实时发布或推送与之有关的思想政治教育内容与时事政治；或建立一些与思想政治教育有关的线上活动，如"读经典""唱红歌""红色事迹"等，可以积极鼓励大学生们参与到这些活动中，并以比赛的形式，给予鼓励和支持，增强大学生参与活动的积极性与主动性；又或者在高校的各类门户网站和校园论坛上推送红色历史文化、思想政治教育内容或者相关图片、视频欣赏等形式，学生与教师都可以看到，并进行实时交流与互动，发表心得感悟，为教育主客体构建良好的互动平台，提供便捷和舒适的教育途径与教学环境，强化"以学生为中心"的教育理念，体现了大学生在思想政治教育活动中的主体性，满足了个性化教学的现实需求。同时，大学生不再将理论束之高阁，而是通过实践活动强化自己的思想观念与理论知识，使其在实践中更好地感知到自身存在的问题与不足，进而更好地践行自身的道德情怀，清楚地认识到自身肩负的责任与义务，并从思想、行为上约束自己，发挥思想政治教育活动载体在思想政治教育过程中的作用，极大提升了高校思想政治教育的实效性。

（三）创新管理载体

习总书记在全国教育大会上对高校思想政治教育管理工作做了新的要求，尤其在网络信息技术不断发展渗透的今天，高校更应该顺应新时代发展潮流，积极转变传统的管理理念，提高管理载体的创新意识，创新思想政治教育管理载体，提升思想政治教育工作质量，推进高校思想政治教育的创新发展。

首先，创新高校思想政治教育管理载体的工作理念。新时代、全媒体背景下，高校思想政治教育管理载体面临新的要求与挑战，传统的工作理念与思维已经满足不了新环境的变化。理念创新成为思想政治教育管理载体创新的前提，并更好地指导载体的创新。在全媒体时代下，高校思想政治管理载体的工作理念要与新时代思想政治教育的具体要求相结合，以"学生为中心"。大学生作为高校管理载体服务的主要对象，高校要正视他们个性化、多层次的需求，做到管理工作的针对性与有效性。同时，高校要坚持"立德树人"的发展方向，加强教师队伍的管理，增强教师的自我管理意识，创新管理思维，并时刻践行习总书记提出的"六要"的要求，结合学生自身的发展特点与规律，将全媒体网络与思想政治教育结合起来，创新"以人为本"的管理工作理念。用大学生喜闻乐见、容易接受的教学方式传播思想政治教育知识与正确的价值观，引导大学生扣好人生的第一粒扣子。此外，高校的其他管理人员也要贴近大学生的生活，了解他们的诉求，并积极帮忙解决他们遇到的问题。高校要让学生参与到管理工作当中去，以学生满意度作为管理工作质量的重要指标，去强化思想政治教育载体的全员管理理念，提高思想政治教育管理的质量与效率。

其次，运用全媒体创新高校思想政治教育管理载体。在全媒体不断发展的新时代，高校应该顺应全媒体时代要求，遵循高校思想政治管理工作的运行与发展规律，积极利用全媒体，发挥全媒体的网络优势，建立教育管理服务平台，满足高校思想政治教育管理载体创新的新要求，并通过进一步了解大学生的现实需求，提高管理平台的服务效率与质量，同时，在微博、校园网站、公众号等平台内容的管理上，需要做好网络监督管理工作，需要从源头做好信息的筛选与整合，使学生接触到更多符合社会主义核心价值观的信息，切实提高大学生对思想政治教育管理载体的认可度。高校需要规范并建立多元化的管理制度，并将不同部门、不同工种管理者的工作制度与细则进行详细的规定与分配，明确管理者的工作范围与责任，提高高校思想政治教育管理载体的效率与质量。例如制定线上的管理辅导员的培训考核以及工作测评制度，让高校辅导员做到线上线下了解、关心学生生活学习的日常，并完成相关工作；制定校团委、学工部等网上管理制度，做好学生资助管理工作以及利用网络电子平台来做好大学生的服务与管理，针对性地制定可行性方案，更好地促进校园一卡通、空中招聘会等相关财务与就业的制度的实施应用，积极发挥高校管理载体的全员育人作用，积极倡导并促进不同管理部门之间的相互支撑、相互协调与融合。此外，还需要加强大学生参与管理活动的力度，切实提高他们在管理工作中的积极性与实践性，并依据自身特点与管理工作的发展实际，为管理工作建言献策，提高管理载体的工作效率。高校还应开展各种线上与线下相结合的管理活动，如开展红色主题的活动、校园文化主题的活动等，让学生与管理者近距离接触、面对面交流，更好的了解到管理载体的内容、特点、原则、意义，发挥思想政治教育管理载体的作用，扩大其影响力。

第三节 加强思想政治教育教学队伍建设为关键

全媒体时代的教育教学队伍建设实际上是一个传统媒体与全媒体使用技能融合创新的过程，更是优化全媒体时代高校思想政治教育路径的重要保障，它应包含教育教学队伍建设、科研队伍建设和保障队伍建设。

一、加强全媒体时代思想政治教育教学队伍建设

（一）通过专门的教育教学队伍建设来提升全媒体技能

全媒体的治理事关媒体融合发展中相关的政策和制度的落实，集中体现了制度的执行力问题。全媒体作为新兴出现并快速发展的事务，无论是教育主管部门，还是高等院校，都需要通过建立专门的治理队伍来提升全媒体的治理能力。全媒体的治理能力不仅关乎到媒体融合的效率，还将直接影响到高校思想政治教育的效果。为此，建立专门的治理队伍，提升全媒体的治理能力是提升高校思想政治教育有效性的有效保障。全媒体时代不仅要掌握全媒体使用技能，还要注重媒体素养教育，从而健康合法高效的使用全媒体，这就需要做好两方面的工作：培训

全媒体使用技能和强化全媒体素养教育。全媒体时代高校思想政治教育出现一个较为显著的错层，教育主体使用全媒体技能普遍落后于教育客体，这主要源于教育主体和教育客体成长的媒介环境的差异。教育主体伴随着传统媒体的发展而成长起来的，更加擅长使用传统媒体。而教育客体是伴随着全媒体发展成长起来的，其更能接受和利用全媒体。这种显著的错层给高校思想政治教育有效性带来了影响，为此高校应积极的建立全媒体专门教师队伍，从而将教师队伍一分为二，即传统媒体教师队伍和全媒体教师队伍。全媒体教师队伍的建立可以有效地提升教育主体使用全媒体的技能并在有效的开展正常的教育教学工作的同时，高效地完成对教育客体的监管。

（二）打造红专结合的网络思政工作队伍，倡导践行社会核心价值

任何社会都有其核心价值。"一个社会的价值体系虽是多元的，但必定存在居于核心地位、起主导作用的价值或价值体系，这便是核心价值；人们对于社会核心价值的认识并以主观的形式反映出来——如思想认同、社会舆论、社会思潮等，便形成社会的核心价值观，它是一个社会和群体评判事物最根本的是非判断标准和需要遵循的基本行为准则。培育和弘扬核心价值观，是社会系统得以正常运转、社会秩序得以有效维护的重要途径，在当代中国，就是要倡导并践行社会主义核心价值观"。然而，近年来发生的一些网络舆情事件表明，无论是在现实社会还是网络空间，"核心价值观往往缺失，网络核心价值观缺失的一个重要表现就是信仰与日常生活脱节。在突发事件网络舆情的传播过程中，常常会出现忽略社会主义核心价值观的现象，相反，利己主义、极端个人主义、享乐主义充斥其中，突发事件网络舆情的传播对我国核心价值观的树立产生了不可忽视的影响"。有鉴于此，必须打造一支既能深刻理解马克思主义基本理论又能熟练掌握网络操作技术的红专结合教师队伍，坚持并维护马克思主义的主流主导地位，在网络空间倡导并践行社会核心价值。另一方面，"打铁必须自身硬"，教师在学生的价值观形成中具有非常重要的作用。"培育和弘扬社会主义核心价值观，要求广大教师率先学习和践行社会主义核心价值观。青少年学生自主意识强，充满理想，思想活跃，在价值观问题上遇到一些困惑或问题是最正常不过的事情，需要

来自教师的帮助与指引"。同时，这支队伍还必须具备良好的网络媒介素养，熟练掌握基本的网络操作技术，在全媒体环境下能够和大学生在信息交流上无缝对接，在思想情感上同频共振。

二、加强全媒体时代思想政治教育科研队伍建设

高校不仅承担着教育教学的职能，还应有科学研发的作用，全媒体时代仅仅能够适应和使用全媒体从事思想政治教育教学还不够，还应注重对全媒体的科研攻关，以便更好地与思想政治教育相融合。全媒体时代思想政治教育科研队伍建设的内容应突出以下三个方面：一是研究更加高效便捷的使用全媒体从事思想政治教育教学。这就需要不仅掌握全媒体技能，还要熟悉全媒体与高校思想政治融合发展的一般规律，在以上研究的基础上将二者有效地结合起来，提升思想政治教育教学的效率。二是研究全媒体时代高校思想政治教育模式创新。研究全媒体时代思想政治教育模式创新则必须成立专门的研究团队，通过专门的队伍建设来集合高校优秀的专门人才，提升思想政治教育教学的效率。三是全媒体时代高校思想政治教育的一般规律。全媒体时代的高校思想政治教育不同于传统媒体时代思想政治教育的一般规律，全媒体时代的复杂性和融合性决定了其背景下的思想政治教育的复杂性，与传统媒体时代横向比较来看，其教育主体、教育客体和教育环境等都发生了较大的变化，只有成立专门的研究队伍，才能更好地掌握其一般规律，从而提升全媒体背景下的思想政治教育的效率。

三、加快全媒体时代专门的保障队伍建设

全媒体时代高校专门的保障队伍建设应做好以下三个方面的工作：一是建立科学完善的绩效评价队伍，确保对全媒体时代思想政治教育的效果做出全面的评价。全媒体时代的高校思想政治教育不同于传统媒体时代，其对于教育主体和教育有效性的评价更加虚拟化和不可控制。传统媒体时代我们对教育主体教育效果的评价显得更加直观，可以通过现场听授、课后评价和教育成绩等来综合评价。全媒体时代的教学可以是线上直播，也可以是即时的线上互动交流，这种虚拟性和灵活性给教育效果的评价带来了较大的困难。

因此建立健全适合全媒体环境的高校思想政治教育评价指标和评价体系，对于提升高校思想政治教育的有效性具有重要意义。二是成立专门的全媒体治理队伍，提升治理能力。全媒体的治理事关媒体融合发展中相关的政策和制度的落实，集中体现了制度的执行力问题。全媒体作为新兴出现并快速发展的事务，无论是教育主管部门，还是高等院校，都需要通过建立专门的治理队伍来提升全媒体的治理能力。全媒体的治理能力不仅关乎到媒体融合的效率，还将直接影响到高校思想政治教育的效果。为此，建立专门的治理队伍，提升全媒体的治理能力是提升高校思想政治教育有效性的有效保障。三是成立专门的后勤保障队伍。全媒体时代高校思想政治教育的正常开展离不开专门的后勤保障队伍，其对于全媒体平台和媒介工具的正确科学管理、维修和保管等为思想政治教育教学的其他环节的高效运作提供了基础性保障。

第四节　以构建"五微一体"教育模式为途径

随着互联网技术的发展和智能手机的普及，使用微信、微博、QQ、抖音、快手、贴吧等 APP 的大学生人数呈现井喷式增长。全媒体时代自媒体软件种类多、输出量大、渗透性强等特征给大学生思想政治教育的效能性发挥带来困emer。本节从教育主管部门、教育主体、教育客体和教育平台及教育载体等方面出发，建构全媒体时代优化高校思想政治教育路径的"五微一体"模式。

一、大学生思政政治教育"五微一体"教育模式的构建路径

（一）录制微党课，构筑高校思想政治教育的制高点

党课是高校思想政治教育的重要组成部分，录制微党课不仅可以满足当代大学生对于主体性作用发挥的需求，还能较好的奠定扎实的思想政治教育理论基础。具体的做法是，选取入党积极分子或者具有积极的入党意愿的学生来录制围绕马克思主义理论、毛泽东思想和习近平同志新时期中国特色社会主义思想等为核心，选取其中的一部分内容作为讲授，来谈谈自己对于以上内容的理解和认知。不仅

借助全媒体积极的传播了思想政治教育的内容，还极大的契合了当代大学生对于全媒体模式的依赖。

（二）发布微故事，推广榜样育人模式

全媒体的一大优势是对于微视频的媒介传播，这也是当前全媒体较受欢迎的传播模式。高等学校通过发布具有影响力和榜样性的人物故事，比如劳动模范、具有突出贡献的科学家、哲学家、思想家的微故事，来树立榜样的力量，并通过榜样的力量感染和引导大学生积极地向榜样学习，向榜样靠拢，以达到榜样育人的目的。当然，这种榜样微故事也可以是来自学校、班级甚至个人的具有积极正能量的微故事。

（三）征集微心声，传播正能量

当前全媒体时代媒体娱乐化对于当代大学生的思想政治教育的影响较大，也偏离了全媒体时代思想政治教育的方向。通过征集校园微心声的方式，来让教育客体大声地呐喊出具有积极的正能量的东西，并依托全媒体媒介进行广泛传播，以此来抑制当前全媒体娱乐化带来的影响。微心声可以是至理名言，也可以是社会主义核心价值观，还可以是个人心声等等，征集微心声既张扬了个性，又传播了具有积极教育内容的思想，进一步扩大了全媒体与思想政治教育融合的范畴。

（四）打造微团队，提升全媒体技能

全媒体时代，信息是海量化的，媒介传播方式也是多变的，在这种模式下，高校如果纯粹的打造一种全媒体队伍，不但需要较长的时间，还要投入大量的人力和物力。通过微团队建设较为灵活便捷的服务全媒体模式下的高校教育教学。微团队可以是三五人，也可以是多人群体，其构成既可以是正式的组织结构，也可以是非正式的学生组织，其主要的目的是随时随地的组织线上线下培训，解决在全媒体模式下教育教学中出现的问题。微团队的建设一是解决了教育主体对于媒体技能不足的困境，二是提升了监管部分的监管治理技能。

（五）打造微阵地，铸牢线上堡垒

高校思想政治教育在高校的教育教学中具有极其重要的地位，其不仅承担着

立德树人的重任，还兼顾着提升高校组织凝聚力的职能。通过打造微阵地既可以提供一个集中进行思想政治教育学习的平台，还能够对参与主体的思想政治教育教育学习情况进行考核评价，是一个兼容性较强的平台，这也是全媒体与高校思想政治教育教学相融合的经典模式。比如学习强国就是当前高校思想政治教育学习的微阵地，发挥着线上堡垒的作用。打造微阵地就是要开发和打造越来越多像学习强国这样的全媒体教育学习模式，通过党员的线上教育学习和线下实践相结合的模式来带动全媒体时代高校思想政治教育路径优化。

全媒体时代媒体融合发展是多变的，而全媒体时代高校思想政治教育模式创新也需要体现其柔性，只有将媒体发展与学校教育紧密结合起来，积极探索适合自身的优化路径，才是应对全媒体时代大学生思想政治教育困境的正确方式。本节的"五微一体"模式也是依据全媒体时代媒体融合发展的特征，结合学校思想政治教育的实际情况，尝试建构的一套优化大学生思想政治教育路径的新模式。

二、大学生思政政治教育"五微一体"教育模式的方法

（一）以"微课堂"为场域，重构思政教育权威性

著名社会学家布迪厄认为，场域是各个位置客观关系的一个网络或构型。一个场域越是自主积极，越能够从社会和权力场域中获得自主性，该场域的语言越具有科学性。在高校大学生思想政治教育的课堂上，教师扮演着文化资本持有的"权威者""主导者"角色，学生则为被动灌输接受者。随着自媒体的普及，学生开始追求个性化、分享化的知识吸收模式，抵触原有的"单向传输型"教学方式，挑战思政教师和课堂的权威，思政教学场域内出现动荡与失衡现象。

全媒体时代，一定要激活传统的高校思政教育场域，发挥课堂场域积极性，重构思政教育的权威性。大学生思政教育课堂要改变"满堂灌"单向教育模式，实现多元化主体教学互动，师生之间能够借助自媒体进行"平等"的探讨，教师充当引导者和启发者，形成自下而上与自上而下双向良性循环，满足学生对思政教育的差异化和多元化需求，最大限度地发挥学生的主观能动性，让学生成为教学场域内最活跃的人。

（二）以"微平台"为阵地，聚合思政教育新力量

微时代以信息内容的微小、信息扩散的迅速、信息传播的广泛等为显著特征，大学生群体自发组建的"虚拟社区"或"微社群"类别丰富，高校教育者应以自媒体为依托，搭建"微平台"，聚合多方力量，占领政治高地。首先，建立学校、院系和班级三级组合式网络平台。官方网络平台建设要融合学生生活服务、学习考试、就业创业、权益维护等功能，满足大学生诸多需求，争取100%全覆盖，提供及时、精准服务。其次，构建全员育人网络思政工作新矩阵。育人工作不仅仅是思政教师的任务，更是全员教师的工作。思政教师、辅导员、团学工作者、专业课教师及其他教师都可以根据个人特长、研究方向、工作属性等要素开设个人公众号、微博、易班、QQ墙等"微平台"，成立"微社群"，将育人工作与党和国家重大方针、政策、事件进行深度耦合，创新内容，优化体验，形成"点射型"全员思政教育新局面。

（三）以"微专题"为抓手，突显思政教育时代性

大学生思想政治工作要与时俱进，要抓根本，传"真道"，要将新时代马克思主义中国化的最新理论成果、结晶传授给学生，又要结合实际，创新方式，提升思政教育向心力和内隐力。高校学生工作者要以特殊的时间节点为契机，如改革开放40周年、"五四运动"100周年、"国家公祭日""国家宪法日"等，组织开展党史国情、革命传统、形势政策等微专题教育活动，打破传统的教育局限，构建大众化的教育氛围，引领青年学生增强爱国之情，弘扬中国精神，感受中国魅力；要以重大事件与党和国家领导人的重要讲话为抓手，如全国高校思想政治工作会议、习近平同志给莫斯科大学中国留学生的回信、习近平同志在北京大学师生座谈会上的讲话等，创作更多青年喜闻乐见、愿分享的自媒体产品，发挥微媒介、微专题的渗透作用，促使高校思政工作如春风化雨，内化于心，外化于行。

（四）以"微人物"为标杆，增强思政教育引领性

一般来说，在思政教育的过程中，教育主体（教师、学生工作者等）与客体（学生）之间是平等的，但是微时代庞大的信息流打破了正常的师生交流生态链，教育主体的标杆性逐渐被削弱。大学生思想政治教育工作要正视自媒体带给大学

生的影响，以"微人物"为标杆，采用朋辈群体小组工作法，创新引领方式，实现与大学生的行为"互粉"、话语共频、情感共鸣。"微人物"可以为国家层面某个特定时间节点涌现的英雄人物和大国工匠，如南仁东、王继才、黄群、宋月才、林俊德等；也可以为学校层面表现突出的佼佼者，如十佳大学生、感动校园大学生、双优生等。在高校，充分发挥"微人物"的示范性，用短视频、微语言、"朋辈话"与大学生同频交流，步步渗透，弥补教育主客体间交流生态链缺失，切实增强思政教育工作的内驱力。

（五）以"微实践"为载体，提升思政教育实效性

高校承担着"培养什么人和为谁培养人"的历史重任，实践活动是提升思政教育实效性的有力途径，是帮助学生成长成才的有效载体，是培养合格的社会主义接班人的制胜法宝。微时代背景下，高校学生工作者应着力挖掘各类教育资源，尤其是地方文化资源、红色文化资源，将思政教育工作与之糅合，赋予人文情愫，进行推送和传播；以志愿活动、服务地方活动、"三下乡"社会实践及第二课堂活动为依托搭建"微实践"平台，建立实践教育基地，促进校内外联动，升华思政教育效果。

参考文献

[1] 陈中奎.互联网时代中国意识形态安全问题研究[M].北京：社会科学文献出版社，2019.

[2] 李忠军.意识形态安全与大学生政治价值观研究[M].长春：东北师范大学出版社，2015.

[3] 习近平.在网络安全和信息化工作座谈会上的讲话[M].北京：人民出版社，2016.

[4] 梁剑宏.大数据时代：思想政治教育环境新论[M].北京：光明日报出版社，2015.

[5] 童世骏.意识形态新论[M].上海：人民出版社，2006.

[6] 王堃.马克思主义哲学教程[M].长春：吉林人民出版社，1991.

[7] 卢黎歌、岳潇、李英豪.当前我国网络意识形态的博弈与引导[J].思想教育研究，2017（06).

[8] 王永贵.文化自信与新时代中国特色社会主义意识形态创新[J].学海，2017(06).

[9] 郑永廷、任志锋.社会主义意识形态领导权和主导权研究[J].教学与研究，2013(07).

[10] 王永贵.马克思主义意识形态理论与当代中国实践研究[M].北京：人民出版社，2013.

[11] 刘欣然.我国网络意识形态安全面临的挑战及应对[J].知与行，2016(11).

[12] 郑元景.论大数据与国家意识形态治理方略[J].宁夏社会科学，2016(04).

[13] 张琳、杨毅.大数据视野下国家网络治理路径优化研究[J].湖北社会科学，2015(05).

[14] [英]伯兰特·罗素.权力论——新社会分析[M].吴友三译.上海：商务印书馆，1998.

[15] 骆敏、王轶群、伍婵提.高校网络舆情的传播阶段及危机管理机制[J].青年记者，2019(01).

[16] 马书臣.强化意识形态工作的责任担当[N].人民日报，2016-09-22.

[17] 严耕、陆俊.关注网络信息的意识形态功能[J].前线，2008(10).

[18] 韦路、鲍立泉、吴廷俊.媒介技术演化与传播理论的范式转移[J].当代传播，2010(01).

[19] 杨展.基于大数据的热点舆情发现与分析系统的设计与实现[D].哈尔滨工业大学，2017.

[20] 郑永廷.认同：意识形态研究新视角-评《我国当代主流意识形态认同研究》[N].中国教育报，2011-03-14.

[21] 孙明杰.网络条件下我国主流意识形态认同面临的挑战及对策研究[D].兰州大学，2013.

[22] 刘同舫.在应对当代各种社会思潮的挑战中发挥马克思主义的威力[J].马克思主义研究，2010(03).

[23] 佘双好.当代社会思潮的内涵、特征及其研究意义[J].学校党建与思想教育，2011(19).

[24] 漆亚林，王俞丰.移动传播场域的话语冲突与秩序重构[J].中州学刊，2019(02).

[25] 田春艳、吴佩芬.论列宁对社会主义意识形态理论的三大贡献[J].中共天津市委党校学报，2015(04).

[26] 王天思.大数据中的因果关系及其哲学内涵[J].中国社会科学，2016(05).

[27] 赵周贤、徐志栋.信息技术发展趋势与意识形态安全[N].红旗文稿，2014-12-26.